珠三角地区
生物医药产业发展报告
（2024年）

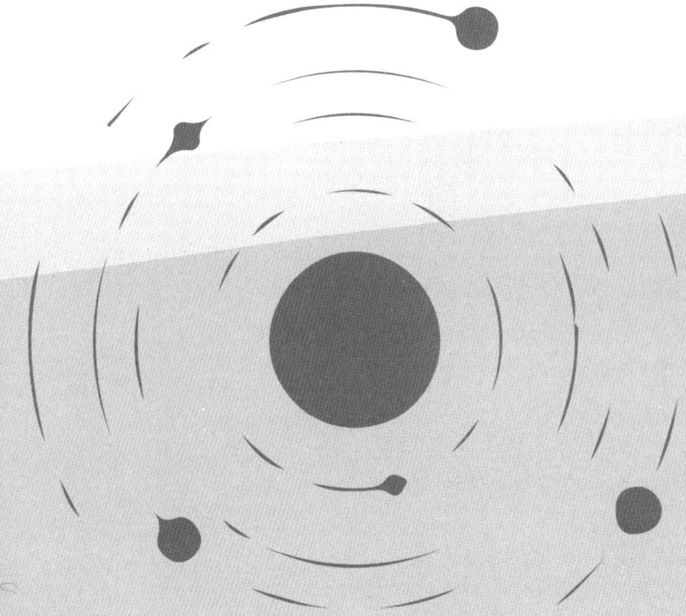

邵旭东　王明军　主编

中山大学出版社
·广州·

版权所有　翻印必究

图书在版编目（CIP）数据

珠三角地区生物医药产业发展报告. 2024 年／邵旭东，王明军主编. ——广州：中山大学出版社，2025.8.
ISBN 978-7-306-08541-2
Ⅰ. F426.77
中国国家版本馆 CIP 数据核字第 2025290F9P 号

出 版 人：	王天琪
策划编辑：	吕肖剑
责任编辑：	吕肖剑
封面设计：	周美玲
责任校对：	周明恩
责任技编：	靳晓虹

出版发行：中山大学出版社
电　　话：编辑部 020-84113349, 84110776, 84111997, 84110779, 84110283
　　　　　发行部 020-84111998, 84111981, 84111160
地　　址：广州市新港西路 135 号
邮　　编：510275　　　　　传　真：020-84036565
网　　址：http://www.zsup.com.cn　　E-mail:zdcbs@mail.sysu.edu.cn
印 刷 者：广州一龙印刷有限公司
规　　格：787mm×1092mm　1/16　9.75 印张　186 千字
版次印次：2025 年 8 月第 1 版　2025 年 8 月第 1 次印刷
定　　价：68.00 元

如发现本书因印装质量影响阅读，请与出版社发行部联系调换

编委会

编委会主任：王明军　邵旭东

编委会副主任：邹　唯　刘　宁　孙　燕

编　　　委：黎东生　李泳雪　朱少璇　刘舜莉
　　　　　　谢小航　傅艺薇　陈朝相　张韶晖
　　　　　　陈映红　卢妍旬　杨涵颖

编　写　组：刘　宁　谢小航　沈卫乾
　　　　　　陈雪薇　杨涵颖

研　究　单　位：医药经济报
　　　　　　广东省中药协会
　　　　　　广东省生物医药创新技术协会
　　　　　　广东省医疗器械管理学会
　　　　　　广州南沙科技产业发展有限公司

前　言

随着全球科技竞争日益激烈，生物医药作为战略性新兴产业正迎来前所未有的历史性发展机遇与严峻挑战。珠三角地区作为中国改革开放的先锋阵地和与创新高地，凭借其独特的区位优势、扎实的产业根基、丰富的创新资源及优越的营商环境，已成为我国生物医药产业发展的重要引擎。

谈珠三角，就离不开粤港澳大湾区，香港和澳门的医药政策、发展及创新策略能给珠三角生物医药带来新的启示。遵循《粤港澳大湾区发展规划纲要》（以下简称《规划纲要》）《粤港澳大湾区药品医疗器械监管创新发展工作方案》（国市监药〔2020〕159号，以下简称《工作方案》）的战略部署，粤港澳三地通过建立联席会议制度，高位推动大湾区生物医药创新发展。《工作方案》所规划的六项任务已在广东省特别是珠三角地区全面落地并有效实施。香港在成功推出"1+"新药审批机制的基础上，正积极筹备成立药物及医疗器械监督管理中心，迈向药械的第一层审批。澳门自药监局成立以来，监管效能显著提升。粤港澳三地监管机制的创新举措，从政府层面进行了系统布局与顶层谋划，全方位解决了创新药械发展过程中的难点、堵点，为大湾区生物医药产业的高质量发展注入强劲动力。

大湾区独特的"两种制度、三个关税区、三种货币、三种药械监管体系"格局，无疑增加了融合发展的复杂性与挑战性。若能充分挖掘并整合湾区各地的资源优势，充分利用香港在全球领先的基础研究实力、与国际高度接轨的法律体系、对全球高精尖研究人才的强大吸引力，以及作为世界金融贸易中心的独特地位，结合珠三角扎实的产业基础、较完善的产业链和广阔的市场容量，必将有力推动全球创新湾区制造的发展步伐；依托广东省在中药制造和使用方面的深厚底蕴，与澳门携手共进，必将有力促进中药标准的国际化与现代化进程。

本报告编写组通过走访调研粤港澳有关部门、机构和企业，全面梳理近年来珠三角地区生物医药产业的发展现状及影响因素，深入分析所面临的问题、挑战和机遇，提出针对性的建议，并展望该区域生物医药未来发展趋势，旨在为各界人士了解区域内生物医药产业发展情况、把握产业发展脉络、推动产业创新发展提供有益的参考与借鉴。虽然本报告已尽力展现珠三角地区生物医药产业蓬勃发展的风貌，但鉴于近年来该产业日新月异的发展速度，资料收集工作仍存在一定的时间延迟与完整性不足等问题，也难免存在疏漏之处。我们诚邀产业各界人士对报告提出宝贵意见与建议。

本报告是粤港澳生物医药产业各界携手合作、共同努力取得的宝贵研究成果，在编写过程中获得了众多机构、专家、园区及企业的支持与协助。在此，我们衷心感谢广东省药品监督管理局，南沙区政府及下属市场局、科技局、发改局的悉心指导；特别感谢广州南沙科技产业发展有限公司的大力支持；也向为本报告提供资料内容的国家药品监督管理局药品审评检查大湾区分中心、国家药品监督管理局医疗器械技术审评检查大湾区分中心、珠海市工业和信息化局、香港重点企业引进办公室、国家高性能医疗器械创新中心、中山大学附属第五医院等部门和机构表示诚挚的谢意。此外，我们还要感谢广东省生物医药创新技术协会、广东省中药协会、广东省医疗器械管理学会、香港科研制药联会等学协会对调研工作的支持与帮助；特别感谢暨南大学粤港澳神经再生研究院陈功教授、南方医科大学生物统计学系陈平雁教授、广州中医药大学黎东生教授、香港大学临床试验中心游广智教授、香港大学大数据深析实验室李雪教授、香港中文大学生命科学学院陈浩然教授对报告的智慧贡献。感谢大湾区各生物制药企业对调研的配合与协助。

粤港澳大湾区作为连接中国与世界的桥梁，承载着推动全国乃至全球生物医药科技创新与合作的重大使命。我们将谨记习近平总书记的殷殷嘱托，秉持创新、协调、绿色、开放、共享的发展理念，从科技创新强基到产业集群培优，从数智技术赋能到区域协调协同，共同推动大湾区生物医药产业迈向更高水平的发展阶段。展望未来，我们愿以智慧为笔，汗水为墨，共同书写大湾区生物医药产业壮丽画卷的新篇章。在这片充满生机与活力的土地上，每一颗创新的种子都将绽放出璀璨的花朵，每一份不懈的努力都将汇聚成推动时代前行的磅礴力量。让我们携手共进，以更加昂扬的斗志、更加务实的作风，共创大湾区生物医药产业更加美好的明天！

报告编写组
2025 年 3 月

目 录

第一章 发展概况 / 001

第一节 总体情况 / 003
一、规模力 / 003
二、增长力 / 015
三、创新力 / 018
四、盈利力 / 023

第二节 主要特点 / 027
一、以贸易为发展底色 / 027
二、产业集群初具雏形 / 029
三、中药产业优势明显 / 048
四、医疗器械创新发展 / 050
五、粤港澳协同显成效 / 052

第二章 影响因素 / 061

第一节 政策 / 063
一、政策频出力促新质生产力 / 063
二、监管创新引湾区多维融合 / 066
三、"三医联动"助推高质发展 / 068

第二节　市场 / 71
　　一、GDP 夯实产业发展基础 / 071
　　二、医疗资源向穗、深聚集 / 073
　　三、多层次医疗保障体系护航 / 075
　　四、卫生健康支出恢复常态化 / 077

第三节　环境 / 79
　　一、临床研究含金量待提升 / 079
　　二、监管能力成为最强助力 / 084
　　三、创新金融引入源头活水 / 091

第四节　技术 / 93
　　一、研究投入增强创新动力 / 093
　　二、专利是发展的重要支撑 / 100
　　三、创新载体平台动能澎湃 / 102

第三章　问题、挑战与机遇 / 105

第一节　问题与挑战 / 107
　　一、医药创新力稍显不足 / 107
　　二、医疗资源潜力待激发 / 108
　　三、产业生态体系欠健全 / 112
　　四、"四链"融合存堵点 / 114
　　五、粤港澳软联通需加强 / 117

第二节　发展机遇 / 118
　　一、生物医药创新发展 / 118

二、国产替代持续推进 / 122
三、借船出海探寻新机 / 123

第四章　建议与展望 / 127

第一节　发展建议 / 129
一、加快推动数据跨境治理 / 129
二、借前沿技术提振创新力 / 131
三、点线面构筑医药新势力 / 133
四、全方位提升核心竞争力 / 134

第二节　未来展望 / 136
一、绿色低碳新湾区 / 136
二、高效智能新高地 / 137
三、包容开放新征程 / 138

参考文献 / 139

第一章

发展概况

第一节　总体情况

2022年广东省生物医药与健康产业集群实现营收6455亿元①，2023年实现营收6638亿元，位居全国前列。2018年以来生物医药规上工业企业营业收入年均复合增速超过10%。医疗器械产业规模连续多年稳居全国第一。[1]

一、规模力

生物医药作为广东省重要的支柱产业及未来新兴产业，一直以来无论是工商业的营业收入还是企业与产品的批文数，都居全国同行业前列。

（一）生产和销售均领跑全国

1. 生产端

（1）药品。

2023年，全国规模以上②医药制造业③企业实现营业收入

---

① 《广东省培育未来生命健康产业集群行动计划》（粤科社字〔2024〕40号）。
② 规模以上的工业企业，即年主营业务收入为2000万元及以上的工业法人单位。
③ 医药制造业八大子行业包括：化学药品原料药制造、化学药品制剂制造、中药饮片加工、中成药生产、兽用药品制造、生物药品制品制造（包括生物药品制造、基因工程药物和疫苗制造）、卫生材料及医药用品制造，以及药用辅料及包装材料制造业。

25205.7亿元。广东省规模以上医药制造业企业实现营业收入 2011.6 亿元（表 1-1），在全国的占比从 2019 年的 6.7% 上升至 2023 年的 8.0%，较 2022 年的占比增加 0.7 个百分点，规模优势持续扩大。

表 1-1 2019—2023 年广东省规模以上医药制造业企业营业收入情况

（单位：亿元）

项目	2019 年	2020 年	2021 年	2022 年	2023 年
营业收入	1605.4	1691.7	1879.3	2130.8	2011.6

数据来源：广东省统计局。

从规模以上产品产量在全国的占比来看，中成药的产量在全国较有优势，化学药品原药的产量占比较低（表 1-2）。这与广东省一直以来传统制剂基础较强，化学原料药基础较薄弱有关。

表 1-2 2019—2023 年广东省规模以上产品产量

项目	2019 年	2020 年	2021 年	2022 年	2023 年
化学药品原药（万吨）	8.1	10.3	11.7	9.6	3.7
化学药品原药产量在全国占比	2.9%	3.5%	3.7%	2.6%	1.1%
中成药（万吨）	20.5	20.1	24.4	22.4	23.4
中成药产量在全国占比	7.3%	8.2%	9.8%	9.1%	9.9%

数据来源：广东省统计局历年统计年鉴。

香港特别行政区政府统计处数据显示，2021—2023 年，香港化学产品及药品制造业销售及其他收益[①]持续增长，2023 年达 168.28 亿港元（表 1-3）。

---

① 包括与防疫抗疫措施有关的资助金额。

表1-3　2019—2023年香港化学产品及药品制造业销售及其他收益情况

（单位：百万港元）

项目	2019年	2020年	2021年	2022年	2023年
销售及其他收益	14706	13127	14406	15574	16828

数据来源：香港特别行政区政府统计处。

澳门特别行政区政府统计暨普查局数据显示，澳门中药制造业2023年收益迅猛增长，突破亿澳元，创历史新高（表1-4）。

表1-4　2019—2023年澳门西药及其他化学品、中药制造收益情况

（单位：千澳元）

项目	2019年	2020年	2021年	2022年	2023年
西药及其他化学品制造	274353	390966	375311	340809	288594
中药制造	73103	39902	20678	47289	101358

数据来源：澳门特别行政区统计暨普查局。

（2）医疗器械。

广东省第二、三类医疗器械的产值自2020年突破千亿后，2023年已接近1500亿元，产值持续提升（表1-5）。

表1-5　2019—2023年广东省第二、三类医疗器械生产总值

（单位：亿元）

项目	2019年	2020年	2021年	2022年	2023年
第二、三类医疗器械	752.0	1359.6	1260.1	1436.0	1446.4

数据来源：广东省药品监督管理局，《医药经济报》整理。

2. 销售端

（1）商业流通。

2023年广东省医药商业的药品销售总额和医疗器械销售额分别

同比增长4.04%与1.00%（表1-6）。虽然在全国的占比有所下滑，但仍居全国药品和医疗器械流通行业销售额第一位。

表1-6 2019—2023年广东省药品流通市场销售情况

项目	2019年	2020年	2021年	2022年	2023年
药品销售总额（亿元）	2416	2560	2720	2918	3036
药品销售额在全国占比（%）	10.21	10.60	10.44	10.60	10.36
医疗器械销售额（亿元）	253	332	393	399	403
医疗器械销售额在全国占比（%）	19.26	18.66	19.28	17.22	16.78

数据来源：商务部2019—2023年药品流通行业运行统计分析报告。

（2）终端销售。

2020—2023年受疫情影响，叠加集采、DRG/DIP的施行以及医药反腐的开展，医院药费有一定波动。广东省医院的药费总额近千亿，在全国医院的药费总额占比先升后降（表1-7）。

表1-7 2019—2023年广东省医院总药费变化情况

项目	2019年	2020年	2021年	2022年	2023年
总药费（亿元）	873	795	894	907	959
在全国占比（%）	8.50	8.52	8.64	8.82	8.36

数据来源：根据2019—2023年《广东省卫生健康统计信息简本》《广东省卫生健康统计年鉴》计算。

注：此费用仅计算医院，未包括其他医疗机构。

2023年广东省药品零售市场规模604.8亿元，占全国市场总规模的11.72%[2]。2021—2023年香港非超级市场部门药物、化妆品及梳洗用品的销货价值分别为86.84亿港元、71.96亿港元和98.51亿港元①。2021—2023 年澳门的药房销售额分别为 16.99 亿澳元、16.47 亿澳元和 21.76 亿澳元②。香港、澳门的药品零售市场受疫情管控的影响已消退，销售正逐步恢复。

(二) 产销企业数量全国居首

1. 生产企业

(1) 药品。

截至 2024 年上半年，广东省内药品生产许可证数量 688 个，居全国首位（图 1-1），在全国占比 7.9%。

澳门有制药厂 9 家③，香港化学产品及药品机构单位 276 家④。

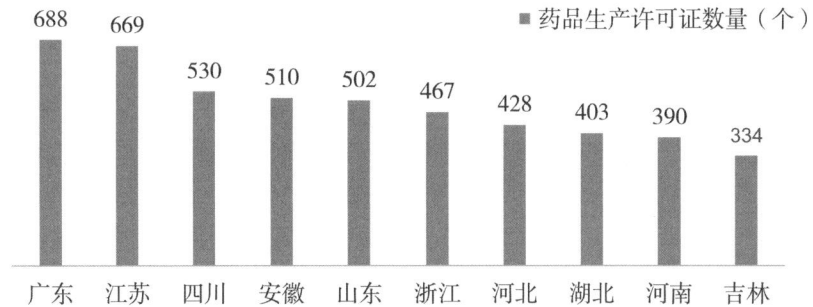

图 1-1 药品生产许可证数量前十省份
数据来源：《药品监督管理统计报告（2024 年第二季度）》。

从生产企业涉及的品种类型⑤看，广东省的化学药生产企业 345

---

① 数据来源：香港特别行政区政府统计处。
② 数据来源：澳门特别行政区政府统计暨普查局。
③ 数据来源：澳门特别行政区政府药物监督管理局官网。统计截止时间：2024 年 5 月 31 日。
④ 《香港统计年刊（2023 年版）》。
⑤ 以药品生产许可证分类码为依据，部分企业涉及多种品种类型，因此各类型企业数量会有重叠。

家（含 27 家仅生产化学原料药企业），居全国第二位；中成药和中药饮片的生产企业分别为 193 家、199 家，分列全国第一位和第二位；生物制品的生产企业数量 44 家，居全国第三位（表 1-8）。

表 1-8 全国各省（区、市）涉及各品种类型的生产企业数量

（单位：家）

省（区、市）	化学药企业	中成药企业	中药饮片企业	生物制品企业
江苏	501	107	66	63
广东	345	193	199	44
山东	305	135	109	21
浙江	294	95	67	18
四川	253	165	183	20
湖北	245	132	82	10
河北	205	115	146	7
吉林	199	185	93	21
河南	194	139	123	8
安徽	180	118	287	9
北京	163	78	59	36
上海	158	50	17	53
黑龙江	153	139	69	4
辽宁	150	95	45	16
海南	148	63	6	2
陕西	136	139	51	2
江西	128	103	84	2
湖南	115	90	81	4
广西	108	123	74	2

续上表

省（区、市）	化学药企业	中成药企业	中药饮片企业	生物制品企业
山西	99	76	28	4
福建	93	51	39	6
重庆	90	46	54	6
云南	89	93	117	7
天津	68	40	11	6
贵州	61	93	55	2
内蒙古	51	43	37	1
甘肃	37	39	119	3
西藏	32	24	14	2
新疆	16	29	27	1
青海	12	22	17	0
宁夏	12	7	23	0
合计	4640	2827	2382	380

数据来源：《医药经济报》整理。

注：数据截至2024年7月22日。

从生产方式[1]看，截至2024年7月，广东省的化学药生产企业中拥有A证[2]与B证[3]的数量分别为200家和174家，持有C证[4]与D证[5]的化学药生产企业均为82家（图1-2）。除D证外，化学药A、B、C证的生产企业数量在全国均居第二位，较第一位的江苏省分别

---

[1] 以药品生产许可证分类码为依据，部分企业涉及多种生产方式，因此各类型企业数量会有重叠。

[2] 自行生产的药品上市许可持有人。

[3] 委托生产的药品上市许可持有人。

[4] 接受委托生产的药品生产企业。

[5] 原料药生产企业。

少86家、16家、65家。广东的化学药D证企业数量仅居全国第六位。

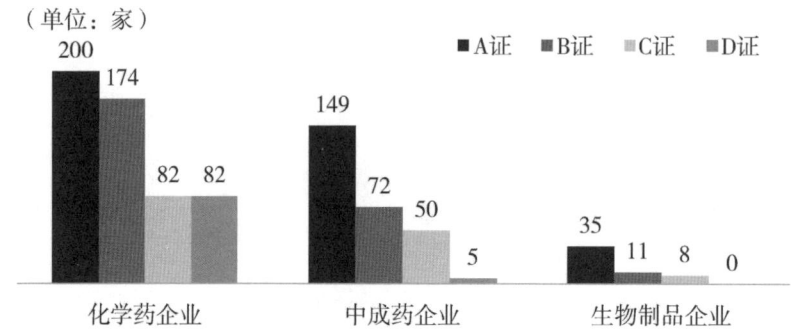

图1-2 广东省各品种类型各生产方式的药品企业数量

数据来源:《医药经济报》整理。

广东省持有A、B、C、D证的中成药生产企业数量分别为149家、72家、50家和5家。中成药A证生产企业数量居全国第二位,比第一位的吉林少30家。B、C证居全国第一位。D证在全国仅排第九位。

生物制品生产企业方面,广东省持有A证、B证、C证的企业数量分别是35家、11家和8家,无D证生产企业。A、B证企业数量居全国第二位,分别较第一位的江苏、上海少12家和4家。C证企业位列全国第三,较第一位、第二位的江苏和上海分别少13家、5家。

广东省内有63家B证企业,根据公开的委托生产信息,其中有73个品种(不含原料药、中间体、饮片、中药前处理、中药提取)开展了跨省委托生产。其中,83.6%属于化学药品类,58.9%为口服制剂。江苏、湖南、山东、海南和天津是前五大跨省(市)受委托生产企业所在地(图1-3)。

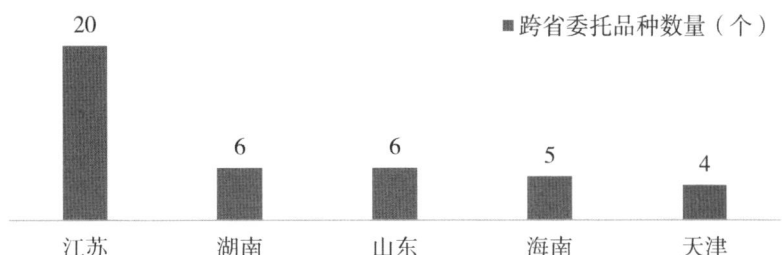

图 1-3 广东省 B 证药品企业跨省委托生产品种数量前五位省份

数据来源：《医药经济报》整理。

(2) 医疗器械。

截至 2024 年上半年，广东省以 4908 家医疗器械生产企业的数量居全国首位（图 1-4），占全国医疗器械生产企业数量的 15.0%。

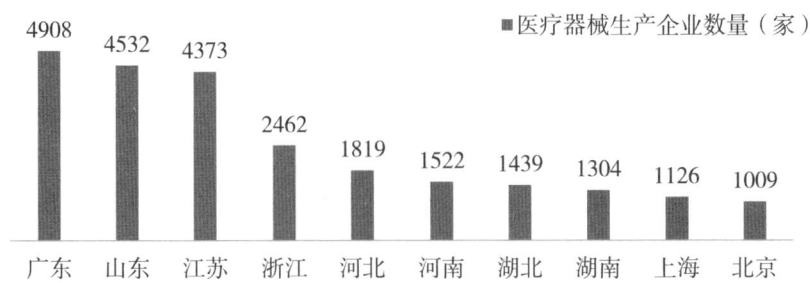

图 1-4 医疗器械生产企业数量前十省份

数据来源：《药品监督管理统计报告（2024 年第二季度）》。

其中，可生产第一类医疗器械的企业 2943 家，占全国可生产第一类医疗器械企业数量的 14.3%，居全国第三位；可生产第二类医疗器械的企业 2874 家，居全国首位，占全国可生产第二类医疗器械企业数量的 16.9%；可生产第三类医疗器械的企业 397 家，排名居全国第二位，占全国可生产第三类医疗器械企业数量的 13.1%。

2．经营企业

（1）药品。

截至2024年上半年，广东省有《药品经营许可证》持证企业71437家（表1-9、表1-10）。其中，零售单体药店36879家，占51.62%；批发企业1442家，占2.0%；零售连锁总部602家，占0.8%；零售连锁企业门店和单体共计69393家，占97.14%。

表1-9 广东省药品经营批发企业情况

（单位：家）

项目	合计	法人批发	非法人批发	零售连锁总部
本期末实有企业数量	2044	1434	8	602
其中：生物制品	1474	950	6	518
其中：专营药品类体外诊断试剂	43	43	0	0
其中：专营中药材、中药饮片	4	4	0	0

数据来源：《广东省药品监管统计季度报告（2024年第二季度）》。

表1-10 广东省药品经营零售企业情况

（单位：家）

项目	合计	零售连锁门店	零售单体药店	药品网络零售
本期末实有企业数量	69393	32514	36879	20599
其中：专营乙类OTC	4713	4191	522	—

数据来源：《广东省药品监管统计季度报告（2024年第二季度）》。

澳门有药房344家，中药房135家，药行23家，药物产品出入口及批发商号163家[①]。

---

① 数据来源：澳门特别行政区政府药物监督管理局网站。统计截止时间：2024年5月31日。

（2）医疗器械。

截至2024年上半年，广东省共有第二、三类医疗器械经营企业180200家，其中，仅经营第二类医疗器械产品的企业148957家，仅经营第三类医疗器械产品的企业5007家，同时从事第二、三类医疗器械经营的企业26236家①。

(三) 产品批准文号数量位居前列

1. 药品

广东省内企业的有效药品批准文号数量居全国第二位（图1-5），占全国的7.4%。

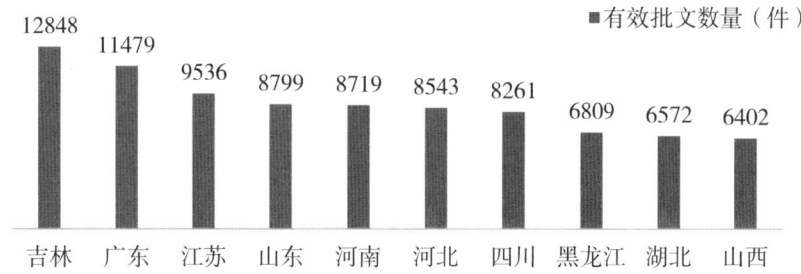

图1-5 药品批准文号数量前十省份

数据来源：《医药经济报》整理。

注：统计时间截至2024年7月。

澳门有药物批准文号35830个，其中中成药3947个、中药配方单味颗粒1265个、天然药物277个②。

从药品类型看，广东省药品生产企业所拥有的化学药、中成药、生物制品批准文号数量分别为7027件、4270件和182件，三者的占

---

① 数据来源：《广东省药品监管统计季度报告（2024年第二季度）》。

② 数据来源：澳门特别行政区政府药物监督管理局网站。统计截止时间：2024年5月31日。

比如图1-6所示。

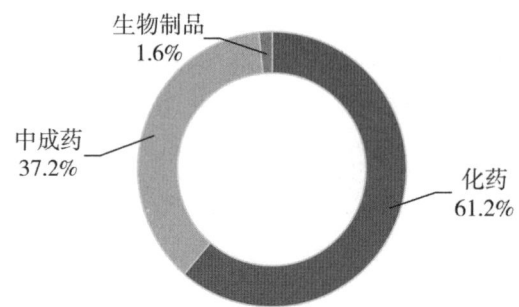

图1-6　广东省企业药品批文类型分布

数据来源：《医药经济报》整理。

2. 医疗器械

广东省医疗器械生产企业拥有的有效医疗器械注册证/备案证数量39027张，在全国占比14.0%，居全国第二位（图1-7）。

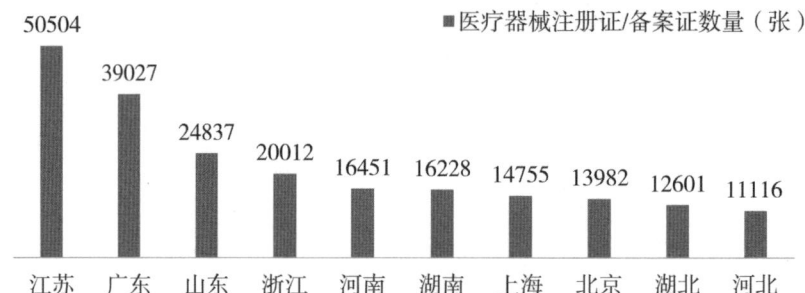

图1-7　医疗器械产品备案/注册证数量前十省份

数据来源：《医药经济报》整理。

注：统计时间截至2024年7月。

从产品分类看，医疗器械第一类产品备案证21356张，占54.7%；第二、第三类产品注册证分别为15369张和2302张，分别占39.4%和5.9%，数量有待进一步提升（图1-8）。

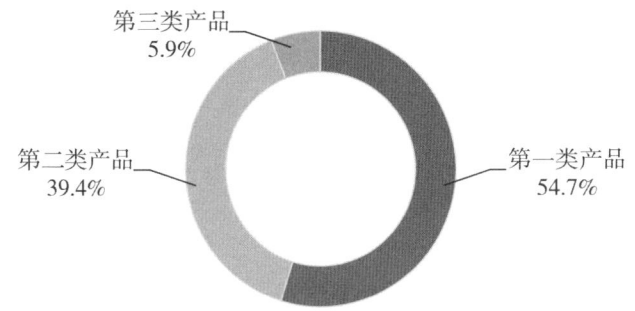

图1-8　广东省医疗器械产品备案/注册证分布情况

数据来源：《医药经济报》整理。

注：统计时间截至2024年7月。

二、增长力

（一）产业转型增速放缓

2020—2022年新冠疫情期间，广东省规模以上高技术制造业中的医药制造业和先进制造业中的生物医药及高性能医疗器械业获得长足发展，增加值同比保持两位数的增速，远高于同期的高技术制造业和先进制造业的整体增加值同比增长率水平。2023年随着疫情防控转段，两个子行业出现代偿性下降。高技术制造业中的医疗仪器设备及仪器仪表制造业则呈现增加值一路下降的趋势，表明传统的医疗仪器设备正向高性能医疗器械转型升级，产业结构不断调优，如图1-9所示。

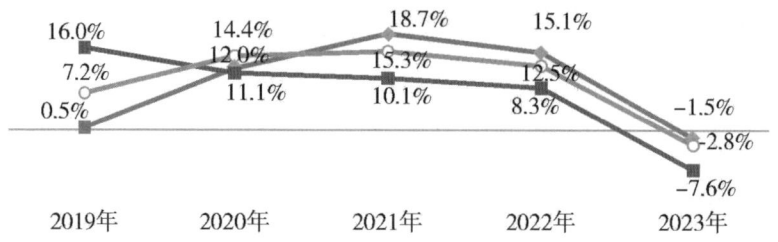

图1-9 2019—2023年广东省规模以上医药/医疗仪器设备及仪器仪表制造业增加值增速

数据来源：广东省统计局。

香港的化学产品及药品制造业增加值呈逐年增长趋势，2023年的增加值突破45亿港元（表1-11）。

表1-11 2019—2023年香港化学产品及药品制造业增加值情况

（单位：百万港元）

项目	2019年	2020年	2021年	2022年	2023年
行业增加值	3798	3582	4030	4264	4592

数据来源：香港特别行政区政府统计处。

澳门的中药制造业逐步恢复增长，但增加值仍未恢复到疫情前水平（表1-12）。

表1-12 2019—2023年澳门西药及其他化学品、中药制造增加值情况

（单位：千澳元）

项目	2019年	2020年	2021年	2022年	2023年
西药及其他化学品制造	101828	183408	127239	147763	104433
中药制造	31252	22644	2382	9239	22268

数据来源：澳门特别行政区统计暨普查局。

（二）药品销售平稳扩容

2019—2023年，广东省限额以上批发和零售业商品零售额中，中西药品类的零售额同比增长率先升后降，2023年同比增长率仅为2.1%（表1-13）。

表1-13 2019—2023年限额以上单位中西药品类零售额同比增长率

项目	2019年	2020年	2021年	2022年	2023年
中西药品类	18.3%	21.6%	15.2%	12.1%	2.1%

数据来源：广东省统计局。

据香港特别行政区政府统计处的数据计算，2021—2023年香港非超级市场部门的药物、化妆品及梳洗用品销货价值同比增长率分别为3.9%、-17.1%、36.9%。可见，疫情管控放开后，香港的零售业恢复较快。根据澳门特别行政区政府统计暨普查局数据，2021—2023年澳门药房的销售额同比增长率分别为18.02%、-3.06%、32.15%，估计主要与疫情防控政策变化有关。

广东省内九市的中西药品类零售额增长率中，东莞近两年的增长率较高，珠海则是唯一持续下滑的城市。

表 1-14　2019—2023 年大湾区内地九市限额以上单位
中西药品类零售额同比增长率

地区	2019 年	2020 年	2021 年	2022 年	2023 年
广州	34.0%	40.1%	23.9%	15.4%	1.8%
深圳	—	14.6%	6.0%	10.4%	-5.4%
珠海	12.6%	-1.2%	-2.2%	-5.1%	-2.5%
中山	—	—	-4.0%	-4.2%	14.2%
佛山	-3.1%	2.0%	5.5%	11.9%	2.1%
东莞	—	—	—	21.1%	30.4%
惠州	27.4%	-4.9%	-6.0%	13.0%	-5.6%
江门	20.5%	18.8%	0.3%	5.8%	-1.7%
肇庆	—	—	—	11.1%	10.0%

数据来源：各地市年度统计公报。
注：空缺为当年统计公报未公布。

三、创新力

世界知识产权组织公布的《2024 年全球创新指数报告》排名显示，"深圳—香港—广州"科技集群全球排名第二位。本集群在 2019—2023 年间专利申请的密度为每百万人 2303 个，2018—2022 年间刊载在科研期刊上的文章的密度为每百万人 3469 篇，两者均比上个周期有所上升。在药械创新领域，粤港澳大湾区同样硕果累累。

（一）生物药是新药注册主力

2021—2023 年，广东省内企业新药临床试验申请（IND）呈下滑趋势，2024 年上半年达 73 个，可见有回升的趋势；新药上市申请（NDA）逐年上升，2023 年达 30 个，2024 年上半年的 15 个 NDA 中有 3 个 1 类新药；仿制药上市许可申请（ANDA①）受理量也呈逐年递增的态势；仿制药一致性评价申请在 2023 年达高峰后，2024 年上半年显著下降（图 1-10）。

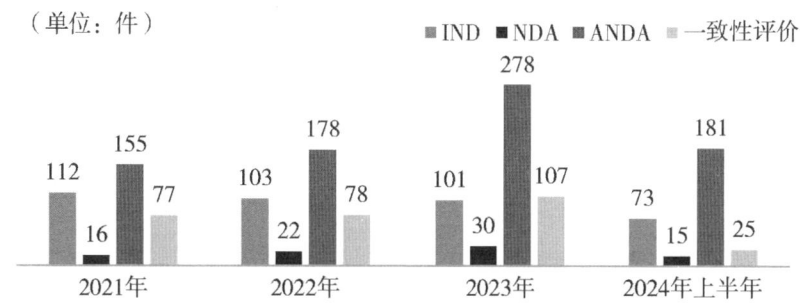

图 1-10　2021—2024 年上半年广东省企业药品注册申请受理量
数据来源：国家药品监督管理局药品评审中心、医药经济报整理。

2022 年广东省企业药品 IND 受理量下降，主要由生物制品 1 类 IND 受理量下滑引起；2023 年 1 类生物制品的受理量显著回升，带动生物制品类别 IND 受理量上涨，但化学药 1 类的 IND 受理量大幅下滑，导致总体药品 IND 受理量下跌。虽然广东是中药大省，有不少全国知名的中成药企业，但中成药的 IND 受理量一直较低。2024 年上半年，生物制品 1 类、化学药和中成药整体 IND 受理量均有明显增长。中成药 1 类的 IND 虽然仍只是个位数，但已高于 2021 年至 2023 年总和，中成药 2 类的 IND 受理量则有待挖掘提升，如表 1-15 所示。

---

① 本书所指 ANDA 均为化学仿制药上市申请。

表1–15　2021—2024年上半年广东省企业各类型药品IND受理情况

（单位：件）

类型		2021年	2022年	2023年	2024年上半年
生物制品	1类	46	28	37	27
	2类	3	4	13	4
	3类	6	9	7	4
	小计	55	41	57	35
化学药	1类	27	39	21	15
	2类	27	21	19	17
	小计	54	60	40	32
中成药	1类	0	2	1	4
	2类	3	0	3	2
	小计	3	2	4	6

数据来源：国家药品监督管理局药品评审中心、《医药经济报》整理。

从NDA的受理情况看，生物制品1类和化学药1类在2023年都有突破性增长，但2024年上半年只有中成药1类保持了以往的NDA受理水平，生物制品1类并未有产品获得NDA受理，化学药1类仅1个产品获NDA受理，远低于2023年的NDA受理量（表1–16）。

表1–16　2021—2024年上半年广东省企业各类型药品NDA受理情况

（单位：件）

类型		2021年	2022年	2023年	2024年上半年
生物制品	1类	3	0	8	0
	2类	3	5	2	3
	3类	4	7	2	6
	小计	10	12	12	9

续上表

类型		2021年	2022年	2023年	2024年上半年
化学药	1类	1	0	7	1
	2类	4	8	5	3
	小计	5	8	12	4
中成药	1类	1	2	2	2
	2类	0	0	4	0
	小计	1	2	6	2

数据来源：国家药品监督管理局药品评审中心、《医药经济报》整理。

（二）创新药械上市数量不足

1. 创新药[①]

2021—2024年上半年，广东省内企业共有10个1类新药获批上市（表1-17），仅占全国同期获批上市的1类新药总数（138个）的7.2%。2021年、2023年和2024年上半年各有3个，2022年1个。其中，生物制品和化学药各有4个，中成药2个，分别占全国同期获批数量的9.1%、5.6%、8.7%。这些产品中，抗肿瘤类药物占50.0%。

从获批上市的创新药企业看，除康方有两个1类新药外，其他企业均只有1个。康方的依沃西单抗更是全球首个上市的PD-1/VEGF双抗，于2022年被康方以50亿美元的交易总金额将海外权益授予美国Summit Therapeutics公司，创下当年国产创新药的出海纪录。

[①] 包含按照现行《药品注册管理办法》（国家市场监督管理总局令第27号）注册分类中药、化学药、生物制品1类和原《药品注册管理办法》（国家食品药品监督管理局令第28号）注册分类中药1～6类、化学药1.1类、生物制品1类受理的药品。

表 1-17　2021—2024 年上半年广东企业获批上市的创新药

药品名称	申报单位	批准文号	签发日期	药品类型	注册分类
赛帕利单抗注射液	广州誉衡生物科技有限公司	国药准字S20210034	2021/8/25	治疗用生物制品	1
奥雷巴替尼片	广州顺健生物医药科技有限公司	国药准字H20210048	2021/11/24	化学药	1
虎贞清风胶囊	一力制药股份有限公司	国药准字Z20210007	2021/12/14	中药	1.1
卡度尼利单抗注射液	康方药业有限公司	国药准字S20220018	2022/6/28	治疗用生物制品	1
来瑞特韦片	广东众生睿创生物科技有限公司	国药准字H20230007	2023/3/23	化学药	1
参郁宁神片	广东思济药业有限公司	国药准字Z20230001	2023/6/8	中药	1.1
索卡佐利单抗注射液	兆科（广州）肿瘤药物有限公司	国药准字S20230071	2023/12/19	治疗用生物制品	1
依沃西单抗注射液	康方赛诺医药有限公司	国药准字S20240020	2024/5/21	治疗用生物制品	1
枸橼酸倍维巴肽注射液	百奥泰生物制药股份有限公司	国药准字H20240030	2024/6/25	化学药	1
苯甲酸福格列汀片	深圳信立泰药业股份有限公司	国药准字H20240032	2024/6/28	化学药	1

数据来源：《医药经济报》整理。

2. 创新医疗器械

截至 2024 年上半年，广东省内企业共有 37 个第三类创新医疗器械获批上市（以注册证号记，下同），数量居全国第三位。2022 年获批上市的第三类创新医疗器械产品数量最多。此外，2016—2024年上半年，广东省内共有66个第二类创新医疗器械获批（表1-18）。

表1-18 广东省企业第二、三类创新医疗器械获批数量

（单位：个）

创新医疗器械	第三类	第二类
2014年	1	—
2015年	1	—
2016年	1	9
2017年	3	10
2018年	4	10
2019年	1	5
2020年	5	7
2021年	7	6
2022年	8	6
2023年	5	12
2024年上半年	1	1

数据来源：国家药品监督管理局、广东省药品监督管理局。

四、盈利力

（一）利润下滑企业承压

广东省规模以上医药制造业企业的利润总额在新冠疫情前已不容乐观，2020年和2021年受疫情需求增长拉动，利润总额飙升。2022年疫情转段后，叠加集采、原材料涨价等因素，利润总额持续下滑，但整体仍高于疫情前水平。2019—2023年，广东省规模以上医药制

造业企业的利润总额同比增速除了2022年的跌幅低于全国平均水平（-31.8%）外，其余的同比增长率均低于全国平均水平（图1-11）。

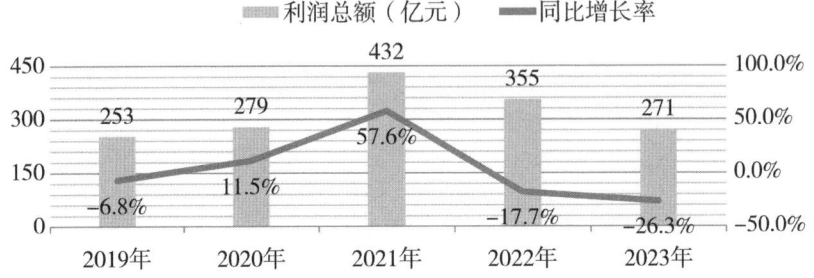

图1-11　2019—2023年广东省规模以上医药制造业企业利润总额情况
数据来源：广东省统计局。

香港特别行政区政府统计处数据显示，2019—2023年，香港化学产品及药品盈余总额持续上升（表1-19）。

表1-19　2019—2023年香港化学产品及药品制造业盈余总额情况

（单位：百万港元）

项目	2019年	2020年	2021年	2022年	2023年
化学产品及药品	2178	2298	2863	2988	3016

数据来源：香港特别行政区政府统计处。

澳门特别行政区政府统计暨普查局数据显示，近年来中药制造盈利持续下滑，2023年的降幅较2022年有所收窄，呈现增收不增利的局面（表1-20）。

表 1-20 2019—2023 年澳门西药及其他化学品、中药制造盈利情况

(单位：千澳元)

项目	2019 年	2020 年	2021 年	2022 年	2023 年
西药及其他化学品制造	25095	101209	49145	66872	26806
中药制造	17140	7954	-13506	-16651	-7067

数据来源：澳门特别行政区统计暨普查局。

(二) 上市企业表现分化

截至 2023 年报告期，广东省共有 60 家医药上市公司[1]，占全国医药上市公司总数的 10.4%。合计实现归母净利润 293.7 亿元，同比下降 22.1%，这主要由医疗器械类和化学制药类企业净利大幅下降导致；生物制品类和中药类上市公司的归母净利润表现优异（表 1-21）。

处于新旧动能交替的化学制药类企业，其转型之路漫长且艰辛。原有的市场空间不断被压缩，创新研发又需要持续投入大量的资金和时间，即便有产品研发成功获批上市，同样面临"靶点扎堆"、集采降价等内卷的情况。而且广东省内的化学制药企业开始转型的时间较晚，意味着要投入更多的资源，需要更精准的眼光。

医疗器械类企业利润的下跌则与疫情结束后行业利润回归正常区间水平，以及受地缘政治影响而导致产品出口受阻等因素有关。

表 1-21 2023 年广东省医药上市企业净利润情况

上市企业类型	归母净利润（亿元）	同比增长率
化学制药类	12.3	-60.7%
中药类	62.8	47.7%
生物制品类	28.9	285.1%

[1] 按申万行业分类统计 A 股和 H 股的上市公司。

续上表

上市企业类型	归母净利润（亿元）	同比增长率
医疗器械类	161.9	-34.6%

数据来源：Wind。

选取各子版块2023年营收前十位的企业，对比其净利润同比增长率发现，化学制药类和医疗器械类分别有8家、5家企业净利润同比下滑，中药类仅3家企业净利润下跌，生物制品类则5家上市企业净利润均同比上升，其中前两位企业的净利润更是翻倍增长（表1-22）。生物制品类企业开始步入收获期。

表1-22　2023年广东省各子版块营收前十位医药上市企业净利润同比增长率比较

化学制药类		中药类		生物制品类		医疗器械类	
公司名称	净利润同比	公司名称	净利润同比	公司名称	净利润同比	公司名称	净利润同比
健康元	-4.0%	白云山	2.3%	康方生物	273.6%	迈瑞医疗	20.6%
丽珠集团	2.3%	华润三九	16.5%	康泰生物	749.0%	新产业	24.5%
海普瑞	-207.7%	中国中药	68.1%	卫光生物	86.1%	华大智造	-130.0%
信立泰	-9.0%	ST康美	103.8%	万泽股份	73.5%	万孚生物	-59.3%
一品红	-36.5%	众生药业	-18.3%	百奥泰	17.9%	开立医疗	22.9%
润都股份	-57.0%	香雪制药	26.6%	—	—	亚辉龙	-64.9%
溢多利	-159.0%	特一药业	42.1%	—	—	理邦仪器	-5.0%
泰恩康	-8.3%	嘉应制药	-21.9%	—	—	健帆生物	-50.9%
微芯生物	408.1%	*ST太安	-128.3%	—	—	惠泰医疗	49.1%
翰宇药业	-38.7%	粤万年青	0.3%	—	—	维力医疗	15.6%

数据来源：Wind。

注：1. 广东省生物制品类上市企业只有5家；2. 丽珠集团是健康元的控股子公司，

纳入合并报表范围,在统计时已单独拆分处理。

第二节 主要特点

一、以贸易为发展底色

（一）医药进出口优势明显

广东省医药制造业 2023 年的出口交货值同比下跌 32.1%（图 1-12）。2024 年有所好转,2024 年 1—6 月累计同比增长 10%,同期全国的医药制造业出口交货值同比仅回升 2.7%。

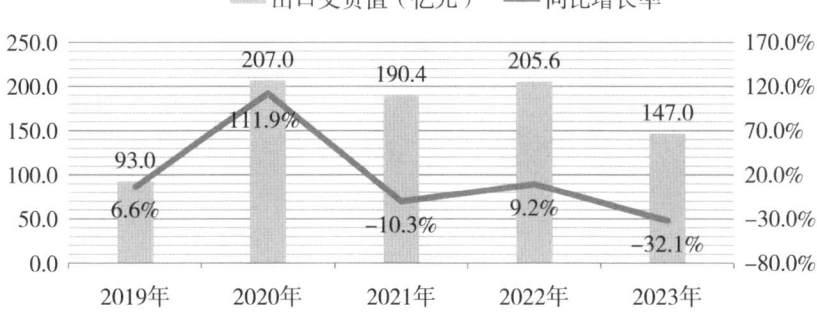

图 1-12　2019—2023 年广东省医药制造业出口交货值

数据来源：广东省统计局。

(二) 医疗器械出口额居首

医疗器械方面,广东省 2023 年医疗器械进出口额[①]65.5 亿美元,在全国医疗器械进出口额[②]中占比为 20.3%。其中进口额 9.3 亿美元,占全国医疗器械进口额 6.8%;出口额 56.2 亿美元,占全国医疗器械出口额 30.5%,居全国首位(表 1-23)。

表 1-23 2023 年国内医疗器械出口额前十省(区、市)

排序	省(区、市)	出口额(亿美元)
1	广东省	56.2
2	江苏省	32.6
3	浙江省	24.9
4	上海市	19.0
5	北京市	10.1
6	福建省	9.6
7	山东省	7.3
8	广西壮族自治区	3.9
9	天津市	3.3
10	辽宁省	2.6

数据来源:海关总署,《医药经济报》整理。

从对外贸易的区域看,广东省医疗器械对外贸易主要集中在亚洲和欧洲,2023 年,与这两地的进出口贸易额分别为 307.03 亿元和 254.97 亿元,分别占广东省医疗器械对外贸易额的 35.89% 和 29.81%。与 2022 年比,对亚洲的进出口贸易额下降 18.81%,对欧

---

① 按海关总署进出口列目"医疗仪器及器械",编码 9018—9020,902212—902214,902221,9402109,94029 查询统计。

② 根据海关总署统计月报"医疗仪器及器械"项下显示数据计算。

洲的进出口贸易额下降8.97%。对"一带一路"主要国家的医疗器械进出口贸易额达210.48亿元，同比上升4.0%，其中前三位依次是新加坡、印度、俄罗斯。①

从进出口产品种类看，广东省2023年医疗器械进出口贸易额前三位依次是按摩器具（90191010）、太阳镜（90041000）、其他附于衬背上的诊断或实验用试剂及不论是否附于衬背上的配置试剂（38221900），市场份额分别为10.23%、8.66%、5.14%。

二、产业集群初具雏形

（一）各区域的差异化定位

《广东省发展生物医药与健康战略性支柱产业集群行动计划（2021—2025年）》（粤科社字〔2020〕218号）明确提出：打造以广州、深圳市为核心，以珠海、佛山、惠州、东莞、中山市等为重点的产业创新集聚区。目前，广州、深圳分别居省内药品和第二、三类医疗器械生产总值的首位，深圳第二、三类医疗器械生产总值更是一骑绝尘，珠海、中山、佛山、东莞紧随其后，如图1-13所示。

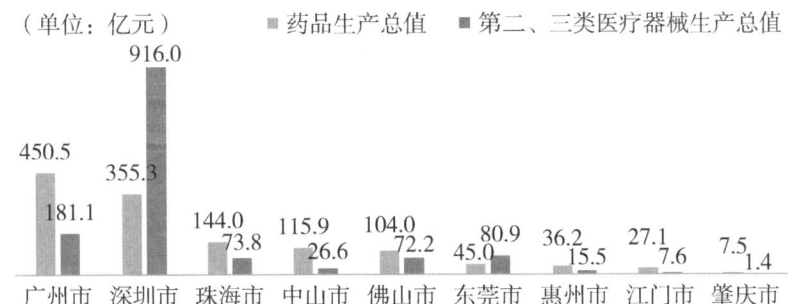

图1-13　2023年粤港澳大湾区内地九市药品和第二、三类医疗器械生产总值

数据来源：广东省药品监督管理局。

① 数据来源：《中国医疗器械行业发展报告（2024）》。

基于湾区各城市自身特点以及产业基础优势，各区域发展定位和产业布局逐步清晰、明确。

1. 广州：做强"一核两极"

广州市的医疗教育资源丰富、生物技术科研力量雄厚，形成了从生物技术研究到产业化的完整链条。围绕打造粤港澳大湾区生命科学合作区和研发中心的目标，布局生命科学、生物安全、研发外包、高端医疗、健康养老等领域。根据广州市统计局统计数据，广州规模以上医药制造业2022年增加值263.25亿元，同比增长49.5%；2023年增加值214.92亿元，同比下跌12.7%。在广东省医药制造业增加值的占比分别为33.3%和27.9%。规模以上生物医药及高性能医疗器械2022年增加值231.97亿元，同比增长41.5%；2023年增加值192.5亿元，同比下降12.9%。

广州以生物岛为核心，南沙科学城、中新广州知识城和航空枢纽为南北两极，集聚引擎发展生物医药产业，形成"一岛多园"的格局。各重点区域抓特色差异化发展。越秀区依托医疗资源聚集优势，创建了"越秀硅巷"创新街区，善用"港澳药械通"政策吸引药械流通龙头企业落户，促进生命健康产业集群发展。黄埔区作为实体经济主战场、科技创新主引擎、改革开放主阵地，聚集了超4800家生物医药企业，引进了百济神州、诺诚健华、绿叶生物、恒瑞医药、康方生物等40多个顶尖生物医药项目，创新成果不断涌现，连续4年有1类创新药获批上市，累计获批创新药8个，每年新增新药临床数量占全市90%以上，连续3年居全省第一。南沙区也正加快生物医药空间载体建设，优化"三谷一城六园"的产业空间布局，打造产业集聚"强磁场"。其中，珠江创新谷、生物谷、健康谷等区域将分别聚焦生物医药、生命科学、精准医疗、医疗器械、健康食品等领域，打造大湾区领先的国际医疗产业创新中心和生物医药与大健康产业集聚区。

在生物医药产业创新能力方面，广州拥有众多研发机构和创新平台，如广州实验室、人类细胞谱系大科学研究设施等，这些平台为生物医药产业的创新提供了强有力的支撑。同时，广州还培育了一批具有自主知识产权和核心竞争力的创新型企业,这些企业在新药研发、医疗器械开发等方面取得了显著成果。例如,康方药业上市了全球首个基于PD-1的双抗新药,众生睿创获批了全球首款无需联用利托那韦的拟肽类3CL靶向新冠治疗药物等。

在金融赋能方面,广州通过设立专项扶持资金、创新投资母基金等方式,为生物医药产业的创新发展提供了充足的资金支持。同时,还积极引进和培育了一批风险投资机构和创业投资机构,为生物医药产业的初创企业和项目提供了重要的资金支持。

2. 深圳:新兴产业动能强

深圳市依托成熟的信息技术产业优势,努力建设成为全球生物医药创新发展策源地,做精做深高性能医疗器械、生物信息、细胞与基因治疗等领域。生物医药是深圳重点布局和打造的"20+8"产业集群之一。2014—2023年,深圳生物医药制造业产值年复合增长率达11.3%,整体呈现稳步增长态势[3]。深圳统计局的数据显示,2022年和2023年,战略性新兴产业中,生物医药和健康产业增加值分别为676.78亿元与752.99亿元,分别同比增长6.7%和-0.3%。其中生物医药及高端医疗器械连续两年的增加值分别为481.04亿元和551.09亿元。

目前,深圳已建成生物医药领域各级创新载体超500家,包括国家级临床医学研究中心1家、省级4家、市级14家;布局了合成生物、脑解析与脑模拟等重大科技基础设施,并设立了全新机制的深圳医学科学院,引领研发创新实现"0到1"的突破;在基因组学、核糖核酸干扰(RNAi)技术和精准医疗领域厚积薄发,拥有华大基因、迈瑞医疗、晶泰科技等在全球范围内具有重要影响力的行业领军企业。

深圳的生物医药产业呈现多点开花的点状布局,分布在坪山、南山、福田、龙岗、光明和大鹏新区6个区,形成了各具特色的生物医药产业集群。坪山区定位为核心集聚区,发展化学创新药、生物创新药、现代中药、高端医疗器械等,打造"研发+转化+生产"的全链条生态体系;南山区定位为产业引领区,布局重大创新药研发,并创新发展远程医疗、数字生命等前沿交叉领域；福田区定位为创新政策探索区，发展化学创新药、高端生物制品、现代中药、先进制药设备以及数字化医疗等；龙岗区定位为生物药创新发展先导区，发展生物药品、化学药品与原料药、现代中药与民族药制造等创新药物，并突破先进医疗器械领域；光明区定位为技术创新区，依托重点企业及创新载体，重点发展高端生物制品、化学创新药等，该区还在2021年10月发布全国首个合成生物专项扶持政策《关于支持合成生物产业高质量发展的若干措施》，成立了全国首个合成生物学研究所深圳先进院合成所、全国首个合成生物成果转化专业园区卫光生命科学园、全国首支合成生物产业基金星博生辉基金等，在政策引领下，国内新增合成生物企业有40%进驻深圳，其中80%落户在光明区；大鹏新区定位为精准医疗先锋区，重点发展生命科学、生命健康、生物医学工程等领域。

作为全国重要的金融中心和创投重镇，深圳各类基金齐全，能够为企业成长提供全周期的资金支持；同时，通过设立生物医药、医疗器械、合成生物等产业基金，以支持相关产业的发展。在国际合作与交流方面，深圳积极推进与国际生物医药领域的合作与交流，吸引全球知名生物科技创新中心和生物医药产业集聚；还通过搭建出海服务平台等方式，积极助力企业出海发展，拓展国际市场。

3. 珠海：转型升级迎挑战

珠海凭借独特的地理位置优势，重点布局现代中药标准化、高端制剂、医疗器械等领域，努力成为生物医药资源新型配置中心。生物医药与健康产业作为珠海市四大主导产业之一，已形成了化学药领域以丽珠、润都、联邦和亿邦等企业为代表，生物制品领域以亿胜生物、泰诺麦博、普米斯等企业为代表，中药领域以金鸿药业、天大药业、安生凤凰等企业为代表，医疗器械领域以健帆生物、宝莱特、宝锐生物、丽珠试剂等企业为代表的产业发展格局。2023年珠海市实现生物医药与健康产业总产值320.34亿元[4]。珠海市统计局发布的《国民经济和社会发展统计公报》显示，2022年和2023年，"4+3"产业中的生物医药业与健康业工业增加值分别增长14.7%和

－8.1%，高技术制造业中的医药制造业工业增加值分别增长23.8%与－16.2%，先进制造业中的生物医药及高性能医疗器械工业增加值分别增长20.1%与－12.4%。

目前，珠海已推进珠海健康港医学动物实验中心、临床试验中心（仿制药质量研究中心）、生物医药检验检测中心、广东省食品药品审评认证中心、GMP培训教育中心、珠海分子影像创新研究院、医药公共实验平台（生物药CDMO区域中心）等"5＋2"公共服务平台、粤澳合作中医药科技产业园GMP中试及生产服务平台等公共技术服务平台的建设，进一步完善产业链服务，为生物医药企业打造良好的生态空间。

珠海提出，到2025年，生物医药产业总产值实现450亿元，规模超50亿元企业超过6家。目前的产值距离此目标仍有一定差距，还需充分发挥横琴粤澳深度合作区平台优势以及港珠澳大桥的交通便利优势，进一步聚集粤港澳科研人才、技术和资本，串联珠江口西岸的澳门与中山，加速生物医药产业的聚集发展。

4. 佛山和中山：逆势增长

佛山和中山拥有良好的生物医药产业基础，着力成为生物医药科技成果转化基地、生物医药科技国际合作创新区。

（1）佛山。

佛山目前形成了以医疗器械、岭南成药、化学药为基础，生物药、创新药、体外诊断为重点，高端医疗装备为后发的产业格局。全市2022年医药健康产业集群累计实现产值462.2亿元，产业集群中规模以上企业约167家[5]。《佛山市国民经济和社会发展统计公报》数据显示，2022年和2023年，高技术制造业中医药制造业工业增加值分别同比增长5.3%与5.9%；先进制造业中生物医药及高性能医疗器械业增加值分别同比增长4.5%与4.2%。

佛山市内拥有多个生物医药产业集聚区，如佛山云东海医药健康产业园、大同湖高端医疗器械产业园等，这些园区为生物医药企业提供了充足的载体空间和发展平台。其中，佛山云东海医药健康产业园是粤港澳大湾区目前唯一可开发用地超万亩的生物医药产业园区，重点发展高端医药、高端医械、高端医疗，目标是建设成为国际知名、国内一流的万亩千亿新产业平台，打造成为湾区生物医药新增长极。在创新研发能力方面，2016—2023年，佛山市拥有生物医药产业领域专利数量1773个，国产医疗器械上市数量828个，仿制药通过一致性评价数量18个。为了缩短药械产品研发和上市周期，佛山市将加快建立与省药监局和医疗器械技术审评检查大湾区分中心的沟通协调机制，提高药械的审评审批效率和服务能力；同时，依托省市合作共建机制，建设"省药品检验所云东海实验室""省药品监督管理局审评认证中心云东海工作站实训基地""省医疗器械质量监督检验所云东海实验室"等，提升创新药械产品研发上市效率。此外，佛山市在医保、营商环境和产业基金方面也出台相关保障措施，整体发力，打造超千亿佛山医药健康产业集群。

（2）中山。

生物医药与健康产业是中山现代产业集群新"十大舰队"4个领航产业之一。《2023年中山市国民经济和社会发展统计公报》数据显示，规模以上先进制造业中生物医药及高性能医疗器械业工业增加值同比增长23.0%，高技术制造业中医药制造业工业增加值同比增长29.2%，是内地九市增长率最高的区域。

中山生物医药产业已形成了一定的产业集聚态势，特别是在中山火炬高新区，生物医药与健康产业已成为其三大主导产业之一。中山国家健康科技产业基地作为国内第一个按国际医药园区标准建设的国家级健康产业园，已进驻了一批细分领域的领军企业，成为粤港澳大湾区健康医药产业的一面旗帜。未来5年内，基地面积将扩展至30.36平方千米，进一步提升产业集聚效应。此外，中山市还规划了"一基地六园区"的空间格局，以实现产业统筹布局、资源协同配置。在推动生物医药产业发展的同时，中山市还注重完善产业生态，提升审批服务、公共平台服务、口岸服务等水平，构建了以"聚焦需求、精准分类、对接资源、服务产业"的监管靠前技术服务模式，推动建设药械注册指导服务工作站、研检审综合技术服务平台等，为生物医药企业打通上市审批关键点；积极推动生物医药产业的国际化发展，加强与国际先进地区的交流合作，引进更多优质项目和高端人才；通过设立生物医药天使基金和组建生物医药产业基金集群等方式，为生物医药企业提供全方位的金融支持。

5. 四城各具特色齐发展

东莞、惠州瞄准国内重要的核医学研发中心和生物医药研发制造基地。江门、肇庆南药文化底蕴深厚、药材资源丰富，同时拥有良好的兽医兽药产业基础，定位于再生医学大动物实验基地和南药健康产业基地。

惠州和江门连续两年生物医药产业相关的工业增加值同比正增长（表1-24）。惠州先进制造业中的生物医药及高性能医疗器械业连续两年保持两位数以上的高速增长，展现出强劲的发展动力。在仲恺高新区等地，形成了较完整的生物医药产业链和生态圈。江门则积极抢抓"大桥经济""黄金内湾"历史机遇，通过产学融合、强化服务支持、知识产权赋能等多种方式，全力推动生物医药产业高质量发展，涌现出一批具有实力的知名企业，其中不乏上市公司，如特一药业；在当地政府及相关部门的支持下，持续推行中成药和化学药研发双向并举，以创新促质量提升，进而提升产品的市场竞争力。2023年营收同比增长20.38%，净利润同比增长42.1%。

东莞的生物医药产业虽然在2023年下降幅度较大（表1-24），但已围绕松山湖生物医药产业基地形成了以生物医药和高端医疗器械为核心引擎，智慧医疗与大健康服务为发展支撑的"研发+临床+制造+应用"全链条生物医药产业支持体系，汇集了东阳光药业、众生药业、三生制药、瀚森药业、广济集团、菲鹏生物和博奥生物等超过500家生物技术企业。在强化产业生态建设方面，通过搭建技术转化和CRO服务平台、大湾区首个合成生物CDMO平台，引入美国百年企业UL检测而设立亚太医疗器械检测服务中心等，建立科学智汇城，为当地的生物医药产业发展注入新动能。

肇庆市在生物医药产业方面主要是积极对接横琴融入珠澳中医药产业链。2023年医药制造业工业增加值的同比增长率表现较好，但生物医药及高性能医疗器械业的工业增加值有所下跌（表1-24）。

当地生物医药企业代表之一的星湖科技通过并购重组，发力合成生物学赛道，未来发展可期。

表1-24 四城市生物医药产业相关工业增加值同比增长情况

城市	医药制造业		生物医药及高性能医疗器械业	
	2022年	2023年	2022年	2023年
东莞	11.3%	-20.8%	5.8%	-6.2%
惠州	8.6%	9.7%	18.2%	11.4%
江门	0.3%	3.1%	2.1%	1.9%
肇庆	-3.4%	11.1%	5.5%	-1.3%

数据来源：各市国民经济和社会发展统计公报。

6. 香港：紧抓创科攀高峰

香港作为国际金融中心和国际科技创新中心，拥有丰富的金融与教育资源，依托自由全流通的经济体系，目标是打造成为国际生物医药科技跨境流通和转化中心、全球生物科技融资中心。香港正充分利用自身优势发展生命健康科技。

在地理位置上，香港是企业设立亚太区域总部的首选地，是通往大湾区和新兴市场的门户，具有健全的法律、金融制度，优惠的税务政策和精通两文三语的多元化人才。

在研发创新上，香港拥有世界一流的医疗体系、丰富的科研基础、顶级的医学院和日趋完善的科创生态系统。香港大学和香港中文大学在世界大学排名中分别位列第21名和第38名（其中医学院分别排31和32名）[①]。2022年全球首2%科学家名单中有1194人来自香港，其中292名来自香港大学（主要研究领域为临床医学和工程学），255名来自香港中文大学（主要研究领域为临床医学和信息及

---

① 来源：Quacquarelli Symonds（QS）世界大学排名。

通讯科技)[①]。香港特区政府在科研方面投放 100 亿港元建立 InnoHK 两大创新平台，其中的 Health@ InnoHK 聚焦于与医疗相关的各种科技，包括药物开发、个人化医疗分子诊断、生物工程、化学生物学、生物信息、疫苗研发、医疗仪器及另类疗法等。平台设有 6 所国家工程研究香港分中心以及 16 所国家重点实验室伙伴实验室。在临床试验方面，自 1996 年引入临床试验管理规范（ICCH GCP）以来，香港已参与超过 1000 项全球临床试验，并有 4 个国家药品监督管理局认可的临床试验中心。香港科技园内从事生物医药科技的企业及培育公司已超过 200 家，同时园区内配套多个生物科技方面的实验室及 300 多套尖端生物医学仪器。科学园 - 医管局数据实验室提供约 20 万名病人的匿名临床数据供科研用，香港大学牵头的医卫大数据深析实验室（$D^2 4H$）利用此数据库在新冠肺炎疫情期间协助香港特区政府科学制定疫苗接种计划，此数据库发挥至关重要的作用。

在企业招引方面，香港特区政府于 2023 年设立重点企业引进办公室（OASES），聚焦生命健康科技、人工智能与数据科学、金融科技、先进制造与新能源科技四大策略性行业，针对目标企业重点项目展开招引，为目标企业提供量身定制的方案及一站式服务。通过 17 个设立在内地和驻外办事处的招商引才专责小组，主动接触目标企业和人才，推广各项计划，吸引其到香港发展。同时还通过成立香港投资管理有限公司（HKIC），设立并管理多个基金，吸引和助力更多企业在香港发展。

2024 年香港施政报告提出设立 100 亿元"创科产业引导基金"，加强引导市场资金投资指定策略性新兴和未来产业，其中就包括了生命健康科技。香港特区政府并表示会加快改革药械审批制度，包括：①扩展审批机制至所有新药，完善评审制度以加快注册，体现"好药港用"；②落实"香港药械监管中心"成立时间表和迈向"第一层审批"路线图，制订药械研发支援策略和措施；③推进规管医疗器

[①] 来源：美国斯坦福大学团队与 Elsevier 研究资料分析合作，以 Scopus 资料库为基础，针对全球 19 万名科学家进行评分。

械立法准备工作。此外，香港特区政府还将全方位提升香港临床试验能力和推动创新生物医药成果转化，具体措施包括：①港深共同建设"大湾区临床试验协作平台"，拓展研发网络加快临床试验；②成立"真实世界研究及应用中心"，推动港深合作结合"港澳药械通"数据，加快新药在香港、内地和国外审批上市；③支持在香港进行先进生物医药技术研发、临床试验及应用，吸引全球顶尖创新企业和研发机构落户香港。

7. 澳门：坐上中医药快车

澳门依托在中医药特色领域的基础，致力成为粤港澳大湾区中医药高地。《澳门特别行政区经济和社会发展第二个五年规划（2021—2025年）》提出要对接国家发展战略，积极参与粤港澳大湾区建设，培育发展以中医药研发制造为切入点的大健康产业，促进经济适度多元。

2022年，澳门特区政府颁布实施了《中药药事活动及中成药注册法》（下称《中药法》）。为配合执行《中药法》和小型医疗器械注册制度、协调和落实粤港澳大湾区建设惠澳政策措施中有关药物监督管理方面的各项工作，澳门特区政府在同年成立了药物监督管理局（下称澳门药监局）。截至2024年4月15日，澳门药监局共接受192项中成药注册申请（12项为本地制造，180项为进口），产地包括本地、内地、香港、台湾等地区和日本、泰国、印尼、马来西亚，其中56项中成药已获注册；依法审批了72项新药在澳门登记上市，覆盖包括恶性肿瘤、心血管疾病、皮肤疾病、神经疾病、传染病等多个治疗领域，其中有26款药物属于同类首创（first-in-class）[6]。澳门药监局的成立不仅增强了本地市场的竞争力，同时也为澳门与大湾区或国内各级药品监管部门及直属部门的沟通、与国外相关机构的交流合作提供了便利。

《澳门特别行政区经济适度多元发展规划（2024—2028年）》用专章清晰阐述了澳门在中医药大健康产业发展的目标、主要任务和重点项目，明确提出要稳步推进中医药大健康产业发展。随着《中药法》实施和药监局成立，澳门建立澳门转化医学创新研究院；发挥世界卫生组织传统医药合作中心（澳门）平台、中药质量研究国家重点实验室、澳门高等院校相关医药研究机构的作用，持续完善粤澳合作中医药科技产业园的平台设施，使澳门的中医药产品研发转化及生物医学领域成果转化能力逐步增强。澳门带动产业聚集效应初显，多家内地知名的中医药大健康企业到澳门设厂。截至2023年8月底，澳门中药厂及大健康食品制造厂有16家。

（二）特色产业园百花齐放

产业发展离不开产业园区的培育孵化及集聚发展。产业园既是生物医药产业发展的核心载体，也是区域产业的创新高地，在承接科研成果转化、企业培育与服务等方面发挥着重要作用。在省及各地市的生物医药产业政策规划指引下，广东省已形成一批有一定特色且全国知名的生物医药产业园区。《2024年中国园区经济高质量发展报告》发布的园区产业高质量发展（生物医药）百强中，广东省进榜园区7个，分别是：广州高新技术产业开发区（第8位）、深圳高新技术产业园区（第10位）、广州经济技术开发区（第19位）、广州南沙经济技术开发区（第54位）、珠海高新技术产业开发区（第58位）、东莞松山湖高新技术产业开发区（第58位）、中山火炬高技术产业开发区（第73位）。

2024年10月8日，广东省人民政府办公厅印发《关于进一步推动广东生物医药产业高质量发展行动方案》（粤府办〔2024〕11号，以下简称"生物医药38条"），提出"促进广州国际生物岛、广州科学城生物产业基地、中新（广州）知识城生命健康产业基地、南沙'一城三谷六园'、深圳坪山国家生物产业基地、深圳南山生物医药产业园、珠海金湾生物医药产业园、横琴粤澳合作中医药科技产业园、中山国家健康科技产业基地、佛山云东海医药健康产业园、东莞松山湖生物基地等生物医药产业集聚区做大做强做优做精，形成10个以上特色鲜明、规模效益显著、辐射带动效应明显的生物医药产业园区"。

1. 广州高新技术产业开发区

作为广州生物医药产业发展的主阵地，经过多年来的发展，广州高新技术产业开发区已形成包括广州国际生物岛、广州科学城、中新广州知识城的"一岛两城"发展格局，覆盖了生物医药研发、转化生产、销售的全产业链条，产业规模快速壮大。企业主体数量增长了3.8倍，从2017年的1000家增长到4800家；规模以上工业企业数量增长了2.5倍，从2017年的40家增长到140家；生物医药与健康产业营收规模增长了2.5倍，从2017年的650亿元增长至2300亿元；培育高新技术企业443家，上市企业20家；研发机构数量达到375家，其中国家级14家、省级214家；每年新增新药临床批件近百张，占全市90%以上，连续3年全省第一；累计获批创新药8个，占全省47%，数量排名第一[7]。

经过多年培育，广州高新区生物医药产业形成大分子生物药、小分子化学药、诊断试剂、医学检验等细分优势领域，并通过以下重点措施提升核心竞争力：引入人体蛋白质组导航国际大科学计划等重大项目落户广州国际生物岛；招引了百济神州、诺诚健华、绿叶生物、恒瑞医药、康方生物、越洋医药等40多个顶尖生物医药项目；构建了人类细胞谱系大科学设施、国家生物信息中心节点、大动物中心等九大科研平台；引进钟南山、徐涛、王晓东等院士团队，在创新药物、体外诊断、植入性医疗器械、高端制剂等技术方向，持续开展关键核心技术攻关，形成战略科学家、优秀临床医生、卓越企业家三位一体的生物医药"人才天团"；与广东省药品监督管理局推进"省区共建2.0"，加快审评工作站在黄埔设立，开展加速产品上市、政策先行先试等五大板块13项"优监管、优服务"举措，承接部分省级权限，为药品、医疗器械企业开通绿色通道。

在金融政策方面，广州高新区通过建设多个风投机构载体，集聚各类风投机构865家，其中投向生物医药领域机构115家，资金管理规模216亿元，此外，还设立了总规模50亿元的区级科技创新创业投资母基金，以"母基金+直投"的方式加速战略性新兴产业的发展。

2. 深圳高新技术产业园区

自2019年扩区后，深圳高新技术产业园的面积从11.52平方千米扩大至159.48平方千米，形成"一区两核多园"的新发展格局。《深圳国家高新区"十四五"发展规划》提出"做优做强生物医药与健康产业；着力发展高端医疗器械、生物医药、大健康产业集群，重点布局南山园区、坪山园区、龙岗园区、龙华园区。前瞻布局合成生物、区块链、细胞与基因（含生物育种）、空天技术、脑科学与类脑智能等一批具有爆发式增长潜力的未来产业赛道"。根据火炬统计年报，2023年，深圳高新区规模以上工业总产值2.5万亿元、工业增加值6391亿元，均占全深圳市的50%，GDP突破万亿（10072亿元），约占深圳市的1/3。深圳高新区培育了华大基因、迈瑞、信立泰、健康元、新产业、微芯生物等一批国家级龙头企业和创新型企业；吸引了赛诺菲巴斯德、西门子、GE医疗等国际生物医药龙头企业和微创脑科学、海湃泰克、复宏汉霖等国内创新药企业落地布局。

在支持创新研发方面，深圳高新区除了投入建设公共服务类平台外，还引入多个国家级唯一的产业创新中心，高能级推动生物医药的创新发展，通过建立生物孵化器，提供发酵工艺中试放大平台等多项公共技术服务，孵化企业130余家，培育出2家上市公司，诞生3个一类新药；围绕中小企业创新需求建设科创资源开放共享平台，搭建重大科研基础设施和大型科研仪器共享平台，向中小企业提供仪器共享、检验检测等服务；面向高端医疗器械产业需求，引入国家高性能医疗器械创新中心，与汉诺医疗、中国科学院深圳先进院、迈瑞联合攻关，自主研发出我国首台国产体外膜肺氧合系统（ECMO），打破欧美国家30余年的技术垄断；通过引入高精尖人才颜宁，打造深圳医学科学院，颜宁同时兼任深圳湾实验室主任，协同两个科研机构，链接高校、临床、企业，形成从临床发现问题到实验室求解，再到产业转化的闭环，让深圳生物医学科学研究踏上快速创新的道路；通过在光明区建设国家生物制造产业创新中心，整合上下游创新资源，促进研发成果转化，推动生物制造产业在深圳快速做大做强。深圳坪山更是率先对标ICH标准，建立ICH专业园区，以打造"基础研究+

技术开发＋成果转化＋金融支持"协同创新链条为导向，形成ICH规则下领先全球的药物研发的生产生态圈。

下一步，深圳高新区将朝着成为创新驱动示范区、新质生产力引领区、高质量发展先行区的方向继续努力前行。

3. 珠海国家高新技术产业开发区

珠海国家高新技术产业开发区成立于1992年12月，是全国54个国家级高新区之一，总面积9.8平方千米。其中，主园区唐家湾镇139平方千米，汇聚4所高校，已形成了以名牌大学为依托，企业为主体，集产学研于一体的高科技产业走廊。珠海高新区载体包括南方软件园、清华（珠海）科技园、中电高科产业园等；已逐步形成了以健帆、宝莱特、通桥等为代表的医疗器械产业集群和以亿胜、优时比、普米斯为代表的医药制造产业集群，正加快形成血液净化、基因重组药物、生命监护、医学影像、体外诊断试剂、植介入医疗器械六大特色细分产业；成功集聚生物医药与医疗器械产业上市企业3家、规模以上工业和科技服务业企业36家（均占全市同产业1/3），高成长、创新型企业近百家，产业集群以及规模化效应加速显现。主园区内共有5家药品生产企业，4家药品批发企业，1家药品经营连锁企业，78家二、三类医疗器械生产企业，9家化妆品生产企业，成为珠海市发展医疗器械产业的主阵地。珠海高新区获得10类21种化学药、生物药药品证书和200余张医疗器械产品注册证（含1个第三类创新医疗器械）。

在创新载体方面，珠海高新区依托中大五院共建"珠海高新区中大五院转化医学协同创新中心"；依托北京理工大学珠海校区建立出口检测检疫平台，为器械出海及产品注册前检测提供技术服务；依托区内各大创新型企业建立广东省医用体外循环吸附与分离技术企业重点实验室、广东省临床输注工程技术研究中心、广东省眼科药物工程技术研究中心、广东省基因芯片工程技术研究中心等平台；依托珠海中科先进技术研究院的精准医疗研发中心、医疗器械中心、生物材料中心、健康大数据公共技术平台、生物医药公共技术服务平台、离子液体萃取公共技术服务平台等平台，重点突破制约医疗器械走向高端的基础材料和核心部件难题，从基础材料、核心部件与重大装备三个层面开展重大技术攻关。

近年来，珠海高新区坚持宝地宝用，专门成立土地清理指挥部和5.0产业新空间建设指挥部，为生物医药与医疗器械产业配备最优质的土地、园区等空间载体；规划建设1平方千米生物医药产业园，已进驻宝莱特血液净化产业基地、广东医谷（珠海）医疗产业加速基地、万泽珠海医药研发及产业化基地、美享医药综合制剂厂等7个项目。在产业空间配套上，珠海高新区还定制化建设了一批"低成本、高标准、规模化、配套好、运营优"的5.0产业新空间，建设60万平方米的大湾区医疗器械生物医药产业园，专业化配置各类设施设备，为医疗器械企业打造"超级工厂"。

珠海高新区以打造大湾区最佳服务型政府为重点，着力构建优质政策环境，出台促进生物医药产业发展若干措施等，制定市区两级差异化扶持条款，筹划修订区级产业扶持政策，结合企业、园区、院所意见建议，推动企业拓展市场。

4. 中山国家健康科技产业基地

位于中山火炬高技术产业开发区内的中山国家健康科技产业基地（以下简称"健康基地"），于1994年由科技部、广东省人民政府和中山市人民政府联合创办，是我国第一个按国际医药园区标准建设的国家级健康产业园区。

30年来，健康基地孕育出了康方生物、金城金素、星昊药业、中智药业、安士制药、康晟生物、莱博瑞辰、艾一生命科技、达影医疗等一大批知名企业，形成了以生物医药、医疗器械、特殊食品、化妆品等为主导的产业集群，汇聚了中科中山药物创新研究院、中国检科院大湾区研究院、省药检所中山实验室、省医疗器械检测所中山实验室、省制药产业计量测试中心、国家高性能医疗器械创新中心中山转化基地等一批高水平科研机构、检测平台和产业转化平台，已成长为大湾区健康医药产业集聚度最高、产业号召力最强的园区之一。

该健康基地已有多款产品实现"国际首创""国内首次"，有94条医药在研管线，近30个1类新药在研、6个1类新药上市；超过

190个医疗器械在研管线，超过55个3类医疗器械产品实现商业化，22个药品品种进入国家集采。

2024年1月，中山市政府提出将全市健康产业统一到健康基地的平台之上，构建"一基地六园区"发展格局，园区面积扩展到30.36平方千米。伴随深中通道的开通，健康基地核心区储备了近千亩产业土地。深中合作创新区将先期启动3300亩土地的整备，打造全国乃至全球生物医药与健康产业应用成果转化地与国际合作创新区。

5. 佛山云东海医药健康产业园

作为佛山2022年提出的要打造的"十大创新引领型特色制造业园区"之一，也是粤港澳大湾区唯一连片可开发用地超万亩的医药健康产业园区，佛山云东海医药健康产业园规划面积3.5万亩，计划建设成为国际知名、国内一流的万亩千亿新产业平台。截至2024年初，园区大部分基建项目已过半，累计签约11个项目，总投资近250亿元[8]；已成功吸引包括广东医谷、朗华供应链在内的多个百亿级项目，引入微纯生物、海泰达生物、华锐医疗等约20家企业（含孵化器企业10家）。园区定位发展个人护理品、器械设备、医用材料、药物及生物合成等多个细分领域。

为了就近给入园企业提供审评审批、行政许可、检测检验、安全评价等服务，园区内设生物医药产业公共服务中心，中心将建设医疗器械检验大楼、动物安评中心、生物医药创新服务中心、GLP实验室、药品检验大楼、审评认证中心、会议中心、综合大楼等专业服务设施及配套。云东海产业园与广东省药品监督管理局合作推动建设的"两所一中心"，即广东省医疗器械质量监督检验所云东海实验室、广东省药品检验所云东海实验室和广东省药品监督管理局审评认证中心云东海工作站也将进驻该中心，打造全省药品监管综合改革先行区。

云东海产业园按照生产、生活、生态"三生"共融，产业链、创新链、供应链"三链"共强，药品、药械、药检"三药"共倚，省、市、区"三级"共建的"四个三"原则规划。未来随着政策的不断完善与优化以及产业项目的加速进驻，云东海产业园将迎来更广阔的发展前景。依托独特的地理位置、优越的生态条件和良好的产业基础，云东海产业园将构建"产业集群×产业服务×产业投资"的生态系统，推动佛山生物医药产业创新要素集聚发展。

6. 东莞松山湖生物产业基地

2.7平方千米的松山湖生物产业基地坐拥散裂中子源、松山湖材料实验室、广东医科大学等科研院校平台，正聚焦生物医药、高端医疗器械等领域，重点进军创新药、体外诊断、医学影像、高值医用耗材、医疗机器人、核医学等赛道。2022年该基地共引进项目37宗，完成土地整备约460亩，超额完成年度任务的445%[9]。该基地汇聚了东阳光药业、众生药业、菲鹏生物、红珊瑚药业、普门生物、博迈医疗等一批头部企业。从区位优势上看，松山湖坐落于东莞地理几何中心，南邻香港、深圳，北靠广州，位于粤港澳大湾区"黄金内湾"。

在强化产业创新平台支撑上，松山湖通过组建松山湖现代生物医药产业技术研究院和松山湖生物医药产业技术联盟，挂牌成立基地产业园，推动华萃国际与东莞理工共建生物大健康产学研基地，打造东莞先进激光材料及设备研究院等产业创新平台等，东莞松山湖生物基地的生物医药产业基础日渐坚实；引入研发转化平台、检测平台、流通平台等产业伙伴，贯穿新产品研发生产流通全周期，有效减少了企业的资金投入。

在政策扶持方面，松山湖管委会出台《关于推动东莞松山湖生物医药产业高质量发展若干措施的实施细则（试行）》等系列政策，围绕科技创新、空间支持、产业基金、贷款贴息、专项服务等方面提供专项支持[10]。2024年7月新开园的松山湖科学智汇城实现开园即满园。

除了专注优势产业聚集发展，松山湖还瞄准为企业提供出海服务，通过东莞与香港合作建成的"国际空港中心"，让产品在莞一次查验、一次安检即可直达香港机场发往全球，全流程不到1天，时间成本节省20%，物流成本降低30%；引入上海医药集团，为科学智汇城、松山湖及整个东莞地区的医药企业提供产品流通服务；同时，引入专门针对医疗器械出海的数智化流通平台（医鹭久歌）和前FDA团队创立的白橡树咨询，为药械企业出海保驾护航。

7. 粤澳合作中医药科技产业园

粤澳合作中医药科技产业园于2011年4月正式启动，已建成面积55万平方米，肩负促进澳门经济适度多元和推动澳门中医药发展的重要任务。作为推进澳门经济适度多元发展的重要载体和推进中医药产业化、现代化、"走出去"的重要平台，按照"医、康、研、制、服"五位一体产业布局，自落成发展至今，已逐步构建覆盖中医药、化妆品、保健品、医疗器械、生物医药、医疗服务等多领域的产业体系，产业集聚效应初具规模，为澳门"1+4"适度多元发展提供有力支撑。

2023年8月，澳门药物监督管理局产业园服务中心正式入驻园区运行，该服务中心承担联系澳门药监局和大湾区医药企业的职能，与粤港澳中医药政策与技术研究中心、粤澳医疗机构中药制剂中心形成联动，促进澳门中医药大健康产业可持续高质量发展。截至当时，该产业园已引进企业191家，其中澳资企业61家。该产业园承接了8个港澳已上市传统外用中成药、5个同名同方药、13个医疗机构中药制剂的开发和注册备案，1个已上市产品的二次开发；协助澳门企业研发的2个同名同方药获得澳门预销售许可；协助澳门企业的1个港澳已上市传统外用中成药（止痛活络摩擦膏）获得内地"药品注册证书"，使之成为澳门第二个通过简化注册审批程序在内地获批上市的外用中成药。

未来，该产业园将加强与国内外医疗机构的合作与交流，不断提升中医药产品的质量和水平；另一方面，还将积极探索中医药与现代医疗、保险等产业的融合发展模式，为中医药产业的现代化、国际化注入新的活力。

8. 港深创新及科技园

港深创新及科技园（以下简称"HSITP"）位于河套深港科技创新合作区的香港落马洲口岸附近，总规划面积0.87平方千米，与深圳园区通过两座100多米的桥相连（规划中）。HSITP充分利用香港北部都会区内各种配套的基础设施，满足入驻园区的企业的需求。目前一期工程第一批次有3座大楼在2025年内将交付使用，其中2座为湿式实验室，专为生命健康科学准备，1座是人才公寓，日后约合共3000套单位提供给园区的人员使用。HSITP未来规划的第2~6批次工程将会配套更充足的生活设施，如医院、学校、商超等，让进驻园区的科研人员能更专注于研究。

HSITP有六大发展引擎，合计将能提供5.2万个工作岗位，按地域性分区布局。六个发展方向中，最优先和主要发展的是生命健康科学。2024年，香港特区政府向HSITP拨款专项资金2亿港元用于生命健康科学领域的发展。

HSITP着重在研发和商业化两方面协助入驻企业的发展。研发方面，HSITP与世界各地和内地的高校、科研机构等已开展密切的联系与交流合作。例如与北生所紧密交流，使其项目可以转化为在香港落地开展的科学研究。同时，HSITP通过引入世界各地知名CRO平台公司，依托平台公司服务入驻园区的企业或直接引进初创企业，并利用政府支持的资金设计一系列精准的培训课程，培育入驻园区的企业，使处于不同发展阶段的企业都能快速、高效成长。截至2024年4月底，HSITP已签约引入数家全球知名的CRO企业；并于2024年10月邀请国家药品监督管理局药品审评检查大湾区分中心成功举办了香港首个"新药临床试验申请专题培训班"，为有意在内地注册新药的香港医药企业提供专业指导，提升其在内地注册新药的能力及效率。HSITP也通过与业内专家、协会、投资公司等建立合作关系，协助园区内企业产品的商业化。

2024年11月20日，香港特区政府公布《河套深港科技创新合作区香港园区发展纲要》（以下简称《河套香港园区发展纲要》），提出河套香港园区的四大发展方向，即"打造世界级产学研平台""建设具国际竞争力的产业中试转化基地""营造全球创科资源汇聚点"和"开辟制度与政策创新试验田"，以促进港深两地园区间人员、物资、资金和数据流通的政策创新，把河套深港科技创新合作区打造成为国家培育新质生产力的重要策源地[11]。HSITP作为该发展纲要主要承接的载体，未来将继续发挥平台作用，链接各方资源，促进政、产、学、研、投的合作，更好地发挥香港优势，连通内地和全球。

三、中药产业优势明显

广东省是中医药大省，在中医药领域底蕴深厚，不仅是中药材的重要产地，同时也是中医药文化传承和创新的重要区域。广东省有中医医院215家，中医医院卫生技术人员8.86万人①；拥有的中药批文数量、中成药生产企业数量和中药饮片生产企业数量均在全国数一数二；拥有广州白云山陈李济药厂有限公司、广州王老吉药业股份有限公司等16家获得国家"中华老字号"品牌的中药生产企业，数量居全国第一[12]。2023年广东省中成药产量23.79万吨，较2022年同比增长26.3%②。

产业的发展离不开监管部门的全力支持，广东省药品监管局近年来高举药品监管综合改革旗帜，围绕中药科学监管，通过持续完善地方中药标准体系建设，提升中药审评能力，规范医疗机构中药制剂管理等举措，有力地促进中药传承创新发展。

（一）中药标准体系建设成绩斐然

广东省药品监督管理局坚持以标准为引领，从加强地方中药标准体系建设、强化中药全链条监管和加强中药材产地趁鲜加工的管理三方面着手，全面加强中药材质量管理。广东省已发布地方中药材标准342项、中药饮片标准70项、中药配方颗粒质量标准417项，制备了142个广东省地方中药标准物质[13]，组织研究并通过行业协会发布12项全产业链质量控制的技术规范及19个品种全产业链质量控制中药饮片质量标准的团体标准，发布《广东省中药材产地趁鲜切制

---

① 数据来源：《2023年广东省卫生健康统计信息简本》。
② 数据来源：广东省统计局官网，《2023年1—12月主要产品产量》。

工作指导意见（试行）》，指导广东省产地趁鲜加工的规范开展，指导广东省中药协会完成《广东省中药质量控制技术指导原则制（修）订研究项目》，对中药材、中药饮片和配方颗粒分别形成质量控制技术指导。

（二）充分发挥中药医院制剂作用

广东省药品监督管理局以优化中药医院制剂管理为抓手，通过全面修订《广东省医疗机构制剂注册及备案实施细则》、组织开展大规模医疗机构中药制剂成药性的筛查评估、启动"岭南名方"遴选等激发中药新药研制活力。目前，广东省拥有医疗机构中药制剂注册文号1860个，传统中药制剂备案文号334个；已遴选3个制剂入选"岭南名方"品种，5个制剂入选"岭南名方"孵育品种，10个制剂入选"岭南名方"入围品种。

（三）三地协同助力中药"走出去"

广东省药品监督管理局积极探索粤港澳三地中药注册监管联动机制，助力中药"走出去"。通过横琴中医药科技产业园和澳门对葡语系国家的"窗口"作用，推动内地企业7个中药产品到海外实现注册上市，为中药产品"走出去"提供了新的发展通道。

香港在发展中医药方面也不遗余力。香港在18区开设了中医诊所暨教研中心，为市民提供政府资助的中医门诊服务。而中西医协作服务也迎来突破性的发展，香港参与中西医协作服务的公立医院已从8间增加至26间，指定服务点亦由8个增加至53个[14]。据有关媒体报道，香港特区政府将于2025年公布香港的《中医药发展蓝图》，在中医药大数据探索应用、推动中西药相互作用的国际研究合作、推动中医药国际化、扩展中西医协作、举办首届"香港中医药文化节"等方面制定具体措施。同时，香港中药检测中心永久大楼将于2025年起分阶段投入服务；首家中医医院也将建成，将成为粤港澳大湾区中医医疗联合体和中医医院集群的重要一员。

四、医疗器械创新发展

资料显示，截至 2024 年上半年，广东省拥有医疗器械高新技术企业 1814 家，占全国 19.9%；医疗器械专精特新中小企业 661 家，占全国 24.7%；医疗器械专精特新"小巨人"企业 81 家，占全国 18.9%，均位列全国同类型企业的首位[15]。

自 1986 年承借 863 计划的东风，由原国家计委和原国家科委出资和立项，委托中国科学院牵头，与美国 Analogic 公司合作，在深圳蛇口成立中国医疗设备领域第一家合资公司——安科公司开始，以举国之力，集中全国最顶尖的医疗器械科研人才，在 1989 年研制出我国第一台 0.15 T 永磁型磁共振（MRI），1998 年开发出国产首台螺旋 CT，1999 年开发出国产首台神经外科手术导航系统，2002 年开发出国产首款钼靶乳腺机，2009 年开发出国产首台移动 CT，2013 年开发出全球首台非接触环滑 16 层螺旋 CT……不仅孕育了深圳市、广东省、粤港澳大湾区的医疗器械产业，更是全国高端医疗器械的发祥地。面对新一轮的改革浪潮和全球技术的变革，广东省医疗器械产业加速转型升级，监管与产业携手攻坚克难、砥砺前行。

（一）深圳医疗器械数字化转型加速①

广东省医疗器械以深圳为代表，经历多年的发展积淀，走出以迈瑞为首的多家国内医疗器械龙头企业。2023 年，深圳第二、三类医疗器械的生产总值 915.95 亿元，占广东省医疗器械生产总值的 63.3%②；实用新型专利申请 3719 件，发明专利申请 4106 件，发明专利授权 2388 件；进入创新医疗器械特别审批程序的产品 51 个，已获批 24 个，医疗器械领域单项冠军产品 5 个，国家专精特新"小巨

---

① 本段落数据除特殊说明，均来自蔡翘梧、钟蔚、张晓华的深圳医疗器械产业数字化转型《中国医疗器械行业发展报告（2024）》。

② 数据来源：广东省药品监督管理局。

人"企业52家。随着深圳加大对产业数字化转型的推动,从政策到设立产业引导基金,从产品数字化、运营管理数字化到生产制造数字化,层层推进,已取得初步成效。

在硬件数字化产品方面,截至2023年底,深圳医疗器械硬件数字化二、三类产品共248个,其中三类4个,二类244个。迈瑞推出瑞智联、瑞智检、瑞影云设备数字互联方案,开立医疗推出设备智慧数字云平台,理邦仪器建立设备Allink智慧联生态[16]。

在软件数字化产品方面,截至2023年底,深圳医疗器械软件二、三类产品共107个,其中三类创新医疗器械4个,年均注册数量从2018—2020年的8个增至2021—2023年的27个;生产企业也由2020年底的22家增长至2023年底的70家。

在数字化软硬件产品方面,截至2023年底,深圳4家企业共5个手术导航系统三类产品上市;深圳慢阻肺检测和管理、失眠认知行为疗法管理系统等产品和服务进入中国疾控中心慢病中心与中国信息通信研究院2023年发布的第一批慢性病防治典型数字产品与服务征集与遴选结果的展示目录。

(二)政策为突破"卡脖子"技术保驾护航

近年来,广东省在医疗器械创新发展方面硕果累累。国内首个心腔内超声成像系统、首个国产体外膜肺氧合系统(ECMO)、腔镜手术机器人、领扣型人工角膜等突破"卡脖子"技术的产品被成功研发上市。这些产品不仅填补了国内空白,更推动我国高端医疗装备发展取得里程碑式的突破。广东省药品监督管理局提出,要将确保防疫药械质量供应作为加强监管的"磨刀石"、推动改革的"催化剂"、促进发展的"加速器",锻造形成医药产业高质量发展新优势。以ECMO的研发上市为例,在研发阶段,广东省药品监督管理局就将其列入"年度重点项目"进行管理,按"早期介入、专人负责"原则,充分发挥药品监管部门具备的审评、检验、临床、核查等方面的专业优势,加速产品注册上市进程。广东省药品监督管理局还专门协调广东省人民医院、中山大学附属第一医院、广州医科大学附属第一医院等单位加快推进临床试验。在省市区药监部门的协助下,完善了产品整体质量控制环节,打通了生产和检验的全部瓶颈,疏通了堵点、卡点,实现了产品整体质量保障质的飞跃,让产品顺利获批。

广东省药品监督管理局通过出台《关于优化第二类医疗器械注册审评审批的若干措施》,省内第二类医疗器械产品注册审评提速50%,平均注册周期4.5个月,远低于全国平均时间[17],有力地促进了省内医疗器械产业高质量发展。

五、粤港澳协同显成效

截至2024年9月底,广东联合港澳打造"湾区标准"品牌,累计发布了215项"湾区标准",涵盖食品、中医药、交通、养老等32个领域,有力促进粤港澳三地规则衔接、机制对接[18]。在职业资格互认方面,广东与港澳联合推进医师、教师等领域职业资格认可,促进港澳医疗专业技术人员来广东执业,据统计,已有3950名港澳专业人士在大湾区内地执业[19]。

(一)"港澳药械通"扩容提质

"港澳药械通"政策自2021年试点结束后拓面实施3年来,已引进86种临床急需进口港澳药械(药品43种、器械43种),覆盖大湾区内地九地市,惠及患者近万人次,指定医疗机构增加至45家,极大地便利了在内地工作生活的港澳居民问诊就医,打通了国际先进创新药械快速进入大湾区内地临床应用的通道。通过该政策,大湾区内地医院深化了与港澳地区的合作,通过引进多个创新疗法,提升了大湾区整体医疗水平,为患者提供更优质的医疗服务[20]。

2024年7月31日,广东省人大表决通过了《广东省粤港澳大湾区内地九市进口港澳药品医疗器械管理条例》(以下简称《条例》),并于2024年12月1日起正式施行。《条例》系统梳理了广东省推行"港澳药械通"政策以来遇到的难点、痛点、堵点,提出要加强药品监督管理、卫生健康、医疗保障等部门的协调配合,构建涵盖港澳药械申请、采购、进口、配送、使用等环节的全流程监管工作机制，优化港澳急需药械目录管理制度，简化审核手续，加快审核速度，从法律层面进一步保障了此政策的深入实施。

（二）监管协作创新硕果累累

在《粤港澳大湾区药品医疗器械监管创新发展工作方案》（国市监药〔2020〕159号）的指引下，粤港澳三地药品监管部门不断创新监管机制，开创监管协作新模式。2024年11月，在首次会议制定的联席会议制度下，三地药品监管部门再次召开会议，进一步完善粤港澳大湾区药品医疗器械监管协作的工作机制，正式成立粤港澳药品医疗器械监管协作工作小组和中药湾区标准推广应用工作协调小组，发布首批粤港澳大湾区中药标准，并共同研究部署下一步促进粤港澳大湾区药品医疗器械监管创新发展的重点工作内容。随着监管部门间互联互通的加强，近两年来，粤港澳大湾区在药品研发、生产、使用方面获得多项突破。

广东省药品监督管理局以承接国家药品监督管理局委托实施"港澳已上市传统外用中成药注册审批"为切入点，积极探索中药审评审批机制创新，加快广东省中药审评审批能力建设。现已有张权破痛油、和兴活络油等15个品种完成了简化审批工作，进入内地上市销售。

2023年10月，在国家药品监督管理局的支持下，经粤澳两地药监部门批准，由粤澳医疗机构中药制剂中心牵头协调，来自广东省中医院的莪棱胶囊、开胃醒脾饮、骨松安胶囊、飞扬外洗颗粒、小儿咳喘宁口服液5款获批跨境使用的"医疗机构中药制剂"，被贴上繁体字版本的制剂标签发往澳门，由镜湖医院接收，并逐步应用于临床；截至2024年8月，这5款中药制剂在镜湖医院的总使用量超过2万份[21]；这是内地医疗机构中药制剂首次成功跨境至澳门医院使用，也是大湾区中成药联合监管的重大进展。紧接着2023年12月，澳门中药制药厂制造的外用中成药"止痛活络摩擦膏"正式投入珠海市中西医结合医院临床使用，这是港澳传统外用中成药首次进入内地医疗机构进行临床使用，成为粤澳两地进一步融合协同发展的创新举措。2024年10月，在国家、广东省、澳门药监部门的全力支持下，根据国家及广东省药监部门"定人、定点、定药"及"管得住才能放得开"的要求，横琴粤澳深度合作区内指定医疗机构已允许澳门居民使用澳门地区已上市药品（首批51个品种，3829盒），这是《关于支持在横琴粤澳深度合作区使用澳门地区已上市部分药品的工作方案》在合作区的落地落实，进一步推动了粤澳两地医疗和用药等民生公共服务的衔接，打通了符合澳门居民用药习惯的"新通道"。

除了药品临床使用方面的互联互通，在生产方面也创新多项监管举措。2023年，澳门澳邦药厂有限公司跨境委托粤澳药业有限公司在横琴生产的"马交牌千里追风油"获得澳门药物监督管理局签发的首张澳门药品跨境"委托制造许可"批件。"澳门注册+横琴生产"为澳门品牌在横琴扩产增量提供了可行性，提升了澳门品牌的竞争力。通过跨境委托生产，打通了药监部门数据审批、物料海关流通等跨境委托的全流程。香港联邦制药的"维生素C泡腾片"同样实现了"港药粤产"，通过服务贸易方式，购买香港药品专利许可，快速获得药品委托生产权，率先实现香港药品上市许可持有人持有的药品在大湾区内地生产，创新推动药品质量标准两地互认，创新使用香港药品生产过程控制流程。截至2024年2月，"维生素C泡腾片"累计在中山生产1898.65万片，内地及境外销售1399.8万片[22]。上述两个案例都是三地监管机制衔接融通、协同发展的鲜活例子。

（三）四大合作平台持续发力

前海、横琴、南沙、河套是大湾区四大国家级战略平台。前海、河套侧重对港合作，横琴侧重对澳，三者都承担着制度创新、对外开放的"试验田""压力测试场"功能；南沙空间相对广阔，突出的是"粤港澳全面合作"和"面向世界"两个关键。四大平台定位清晰，协同发展。

1. 深圳前海深港现代服务业合作区

2021年9月6日，中共中央、国务院印发的《全面深化前海深港现代服务业合作区改革开放方案》（以下简称《前海方案》）发布，前海合作区将打造粤港澳大湾区全面深化改革创新试验平台，建设高水平对外开放门户枢纽，不断构建国际合作和竞争新优势。《前海方案》明确，进一步扩展前海合作区发展空间，总面积由14.92平方千米扩展至120.56平方千米，目标是加快科技发展体制机制改革创新。

根据《前海方案》的工作部署，2023年，深圳前海加快国际医疗服务集聚区建设，持续加强医疗服务深港合作交流，出台了全国首个港澳医疗机构支持政策——《深圳市前海深港现代服务业合作区支持港澳医疗机构集聚发展办法》，创新性提出11条核心支持举措，为港澳医疗机构落地前海提供积极支持。该政策出台后，前海在健康医疗服务方面取得一系列创新成果：启动了首批医院质量国际评审认证；首家港资独资医院落地前海；首家国际化社康在前海建成开业；前海蛇口自贸区医院被广东省卫健委列入第二批"港澳药械通"指定医疗机构名单；国家儿童区域医疗中心分支机构首次落户前海；引进首名香港护士跨境在深圳执业；首次举办香港医生与前海医疗机构交流活动等，多项国际化医疗服务取得突破性进展。2023年，前海4家三级以上医院向境外患者提供国际化医疗服务总计42451人次（其中港籍患者占72%），为境外人士在前海工作生活提供了优质医疗配套服务[23]。

未来，前海将持续推动深港医疗跨境衔接合作和深度融合发展，不断提升以深港合作为核心的前海国际化医疗服务水平；进一步提升医疗服务和创新水平，加强深港医疗服务跨境衔接，引进港澳和国际优质医疗资源，加快国际医疗服务集聚区建设，在推动"长者医疗券"落地前海、增加跨境转诊服务定点医疗机构、优化医疗转运车辆通关模式等方面探索提供更多国际化医疗服务，助力前海国际化城市新中心建设。

2. 河套深港科技创新合作区

为呼应国务院2023年8月29日印发的《河套深港科技创新合作

区深圳园区发展规划》，香港特区政府公布的《河套香港园区发展纲要》中进一步明确了河套合作区的三大定位，即深港科技创新开放合作先导区、国际先进科技创新规则试验区、粤港澳大湾区中试转化集聚区。河套是大湾区唯一以科技创新为主题的特色平台，坚持科技创新和制度创新双轮驱动，坚持深圳园区和香港园区协同发展，坚持着眼全球配置一流科创资源，充分发挥香港"背靠祖国、联通世界"的"超级联系人"作用，构建最有利于科技创新的政策规则体系，建设国际领先的科研实验设施集群，建立更加完备的科技创新生态体系，率先融入全球创新网络，打造粤港澳大湾区国际科技创新中心重要极点，努力成为粤港澳大湾区高质量发展的重要引擎。

生物医药是河套深港科技创新合作区重点发展的产业，在规划里明确提出协同香港在高端医疗器械、生物医药、细胞与基因等前沿交叉领域联手打造国际一流科技创新平台；支持先进生物医药技术创新应用，包括：加快医学影像、精准医疗、细胞治疗、新型生物医用材料等交叉学科领域技术创新；重点围绕药物及疫苗、基因检测及诊疗、高端医疗器械、人工智能在生物科技中的应用等领域开展合作；重点发展新一代基因测序仪、医疗机器人等高性能医疗器械；大力发展创新药物，搭建生物医药公共研发服务平台；支持全球顶尖医药研发生产外包服务企业提供一体化医药研发服务。在政策的指导支持下，河套平台在2023年生物医药产业规模已超百亿，汇聚了多家生物医药类企业与机构，大湾区药品审评核查分中心、大湾区医疗器械审评核查分中心、广州实验室检测评价中心河套分中心、香港中文大学深圳大湾区生物医药创新研发中心、晶泰科技、信立泰等项目落地，亚洲抗衰老及转化医学研究院、国家知识产权运营（深圳河套）国际转化试点平台、华润生命健康研究院等多家研究机构进驻。2024年6月，河套深圳园区3家生物医药产业的中试平台被集中授牌。

河套深港科技创新合作区的生物医药产业发展呈现出政策支持有力、优质资源集聚、创新生态完善、国际合作深入等特点。未来，随着更多政策措施的实施和更多优质资源的引入，港深园区落成开园，河套的生物医药产业将迎来更广阔的发展前景。

3. 横琴粤澳深度合作区

2024年3月1日，根据《横琴粤澳深度合作区建设总体方案》（以下简称《横琴方案》），横琴粤澳深度合作区正式实施分线管理封关运行，琴澳一体发展迈入新阶段。封关后，科创企业和科研机构的研发成本将进一步降低，无疑增加了横琴合作区对创新型医药企业或研究机构的吸引力。2024年前三季度，横琴粤澳合作区经济运行呈现持续向好的态势，地区生产总值373.49亿元，同比增长7.1%；规模以上工业增加值8.17亿元，同比增长36.9%；社会消费品零售总额29.72亿元，同比增长18.8%[24]。

横琴深合区是唯一一个由粤澳共商、共建、共管、共享的平台，平台内机构的粤澳双方代表各占一半，在机制创新上是一大突破。《横琴方案》中提出紧密围绕促进澳门经济适度多元发展的新平台、便利澳门居民生活就业的新空间、丰富"一国两制"实践的新示范、推动粤港澳大湾区建设的新高地四大战略定位，大力发展生物医药产业和中医药等澳门品牌工业。为落实《横琴方案》的工作部署，2022年10月，横琴深合区发布了《横琴粤澳深度合作区支持生物医药大健康产业高质量发展的若干措施》，并于2024年1月印发了《横琴粤澳深度合作区支持生物医药大健康产业高质量发展的若干措施实施细则》。该细则明确鼓励横琴研发中成药产品到澳门注册，支持生物医药产品在横琴生产，推动横琴生产国际化，重点支持中药研发，支持生物制品、化学药、医疗器械等产品研发，支持研发平台、产业服务平台和临床医疗机构，制定出台相应的激励政策。

未来，借助国家赋予横琴片区中医药改革创新事权独特优势，布局横琴粤澳深度合作区，开展中药创新药、中药改良型新药成果转化、注册上市和规模生产，将质量研究、标准建立及检测服务有机结合，推动中医药"借澳出海"，形成面向葡语系国家的国际化发展新局面。

4. 广州南沙粤港澳重大合作平台

在国务院发布的《广州南沙深化面向世界的粤港澳全面合作总体方案》引领下，南沙作为大湾区"四大平台"之一，肩负协同港澳、面向世界的重要战略责任，在粤港澳大湾区建设中发挥引领带动作用。

生物医药是南沙重点发展产业之一。2023年，南沙区生物医药与健康产业增加值96.07亿元，同比增长5.7%，规模占全区GDP比重为4%。南沙集聚超过400家生物医药企业，引育王老吉大健康、联瑞制药、粤港澳大湾区精准医学研究院（广州）等重点项目，涵盖免疫细胞治疗、干细胞与再生医学、疫苗、创新药物、精准医疗、高端医疗服务、高端医疗器械等重点领域，产业实力不断增强；布局建设中山大学附属第一（南沙）医院、广东省中医院南沙医院等6所三甲医院，集聚了一批大湾区的优质医疗资源。

在政策机制方面，南沙与广东药监局签订《促进南沙构建医药健康产业高质量发展生态合作框架协议》，建立省市区三级联动的促进南沙医药健康产业高质量发展生态联席会议制度；推进生物医药产业"链长制"；将生物医药与健康产业重点细分领域纳入区内鼓励类产业优惠目录；制定出台了"南沙九条"；实施《广州市南沙区境外职业资格认可清单》，涵盖了美国、英国、澳大利亚、中国香港、中国澳门等国家和地区的18项生物医药证书或职业资格，加大政策先行先试力度，推动医药和医疗器械纳入《关于支持广州南沙放宽市场准入与加强监管体制改革的意见》重点放宽领域；开展大型医疗器械融资租赁合格假定监管试点、生物医药研发用物品进口"白名单"制度试点等创新。

在港澳资源对接方面，探索建立港澳现代化管理模式的大型综合性公办医院，以开设国际部、临床专科等多种形式，与香港中文大学医学院在项目、人才培养交流、医学技术等方面深入合作；成功落地了港澳居民健康服务中心；广州市第一人民医院南沙医院成功获批落地"港澳药械通"；推动港澳药品上市许可持有人、医疗器械注册人将持有的药品医疗器械在南沙符合条件的企业生产。依托粤港澳大湾区精准医学研究院、香港科技大学（广州）等重点科研院所及园区大力打造公共服务平台，搭建生物医药产业服务体系。

在创新成果方面，涌现出一批具前沿领先性的创新药械。例如，天科雅 TIL 疗法 IND 获受理，沃森生物 mRNA 新冠疫苗获临床试验伦理快速审查批件，兆科广州制造的研究性新候选药物 AU409 已获美国食品药品监督管理局批准进行临床试验，卫视博生物的折叠式人工玻璃体球囊是国际首创的挽救眼球三类医疗器械。

在载体平台搭建方面，规划建设生物谷、健康谷等产业发展集聚区。其中，生物谷规划面积 7.14 平方千米，重点发展生物医药、生命科学及健康食品等产业；健康谷规划面积约 10 平方千米，重点发展精准医疗、医疗信息化、生命健康及生态旅游等产业。广东医谷一期二期、中山大学国际药谷、科创中心横沥生物医药产业园等重大平台建设持续推进中。广东医谷一期专注于医疗器械及生物医药产业投资孵化，已落户超 300 家生物科技企业；中大国际药谷预计 2025 年 3 月开园；科创中心横沥生物医药产业园已于 2024 年 6 月正式开园，首批 8 家生物医药企业集中签约入驻，园区配备生物医药通用高标准厂房及科研中心，重点导入基因治疗药物、细胞治疗药物、新型制剂等领域项目；科创中心生命健康产业园于 2023 年 10 月开工建设。南沙力争 2024 年形成 60 万平方米的生物医药产业专业载体，努力打造成为南部高端医疗健康产业增长极。

在金融赋能方面，广州产业投资母基金设立了 60 亿元生物医药与健康专项母基金。南沙科技创新母基金与生物医药领域知名投资机构设立了湘三泽医药基金、创钰基金、丹麓一期基金、松禾医健基金、丹麓三期基金等多只生物医药专业基金，累计投资包括卫视博、思安信等区内企业的生物医药项目近 40 个。

通过落实《广州南沙加快推进生物医药产业高质量发展的意见》，南沙不断做大做强、做优做精"一城三谷六园"等生物医药产业集聚区。南沙全力打造"4+2+2"产业体系（"4"是指创新药、新型疫苗、高值耗材和体外诊断 4 个高端药械产业细分赛道），力争到 2026 年，集聚企业 1000 家以上，产业规模超 500 亿元，新增产业载体 100 万平方米，将其打造成为"大湾区医药港"和具有影响力的国际化医疗服务高地。

第二章

影响因素

第一节 政策

一、政策频出力促新质生产力

(一) 整体政策

近年来,广东省政府及相关部门相继出台《广东省发展生物医药与健康战略性支柱产业集群行动计划(2021—2025年)》(粤科社字〔2020〕218号)、《关于促进生物医药创新发展的若干政策措施》(粤科社字〔2020〕86号)、"生物医药38条"等一系列产业政策,明确定位省内各地市的生物医药产业发展布局,明确支持药械从创新研发到生产销售的各关键节点,明确省内各有关部门工作任务。各地方政府根据省政府的决策部署,结合当地情况,纷纷制定促进本地生物医药产业发展的办法、措施、行动计划、实施方案等,切实推动生物医药产业的高质量发展(表2-1)。

表2-1 重点地区生物医药主要产业政策

地区	时间	政策名称
广州	2022.03	《广州市战略性新兴产业发展"十四五"规划》
	2024.01	《广州促进生物医药产业高质量发展的若干政策措施》
	2024.07	《广州开发区 广州市黄埔区生物医药研发用物品进口"白名单"试点工作方案》
	2024.04	《广州开发区（黄埔区）促进生物医药产业高质量发展办法》
	2024.04	《广州南沙促进生物医药产业高质量发展扶持办法》
	2024.05	《广州医保支持创新医药发展若干措施》
深圳	2020.01	《深圳市促进生物医药产业集聚发展的若干措施》
	2022.07	《深圳市促进生物医药产业集群高质量发展的若干措施》
	2022.07	《深圳市促进高端医疗器械产业集群高质量发展的若干措施》
	2022.07	《深圳市促进大健康产业集群高质量发展的若干措施》
	2024.06	《光明区生物医药产业集群高质量发展扶持计划操作规程》
	2024.02	《深圳市坪山区生物医药产业高质量发展若干措施》
	2023.12	《深圳市龙岗区关于促进生物医药产业高质量发展的若干措施》
	2021.06	《南山区促进生物医药产业领航发展的若干措施》
中山	2024.01	《中山市推动生物医药与健康产业高质量发展行动计划（2024）》
	2024.02	《中山市推动医疗器械产业高质量发展实施方案》
	2024.10	《中山市支持生物医药与健康产业高质量发展的若干政策措施》

续上表

地区	时间	政策名称
珠海	2024.08	《珠海市促进生物医药与健康产业高质量发展若干措施（修订）》
佛山	2021.06	《佛山市南海区促进生物医药产业发展扶持办法》
佛山	2021.06	《佛山市顺德区促进生物医药产业发展实施办法（2021年修订）》
东莞	2023.12	《东莞滨海湾新区促进生物医药产业发展扶持办法（修订稿）》
东莞	2023.09	《关于推动东莞松山湖生物医药产业高质量发展若干措施的实施细则（试行）》
江门	2023.03	《关于促进制造业高质量发展的若干措施》
惠州	2022.12	《惠州市推动医疗器械产业高质量发展实施方案》
肇庆	2023.02	《肇庆市加快推动医疗器械产业高质量发展实施方案》

数据来源：各地方政府官网。

（二）专项政策

除了生物医药产业整体发展的支持政策外，广东省政府在2021年12月印发了《广东省推动医疗器械产业高质量发展实施方案》（粤办函〔2021〕366号）。部分地方政府也根据实际情况分别制定了医疗器械、合成生物学等生物医药细分赛道的专项政策，力求精准施策（表2-2）。

表2-2 重点地区生物医药细分赛道专项政策

地区	时间	政策名称
广州	2024.09	《广州市卫生健康委员会支持创新药械高质量发展十条措施》
	2024.10	《广州市创新药械产品目录》（第一批）产品清单
深圳	2024.02	《龙华区关于支持高端医疗器械产业集群高质量发展的若干措施》
	2023.03	《深圳市光明区关于支持高端医疗器械产业集群高质量发展的若干措施》
	2022.06	《深圳市培育发展高端医疗器械产业集群行动计划（2022—2025年）》
	2023.05	《光明区关于支持合成生物创新链产业链融合发展的若干措施》
	2024.09	《深圳市光明区科技创新局合成生物企业认定与管理暂行办法》
	2024.11	《光明区合成生物企业创业资助项目操作指南》
惠州	2022.12	《惠州市推动医疗器械产业高质量发展实施方案》
中山	2023.01	《中山市推动医疗器械产业高质量发展实施方案》
肇庆	2023.02	《肇庆市加快推动医疗器械产业高质量发展实施方案》

数据来源：各地方政府官网。

二、监管创新引湾区多维融合

为贯彻落实《粤港澳大湾区药品医疗器械监管创新发展工作方案》，加强粤港澳三地中药标准领域合作，以标准引领助力粤港澳大湾区中药产业高质量发展，根据《中药标准管理专门规定》有关要求,粤港澳大湾区中药标准专家委员会研究制定一批推荐性技术要求,经粤港澳三地药品监管部门共商确认,发布首批粤港澳大湾区中药标准及安全性质量控制项目检定通则,包括陈皮(广陈皮)、化橘红、化橘红胎(化橘红珠)、板蓝根颗粒、夏桑菊颗粒、麝香活络油(麝香祛风湿油)、张权破痛油共7个品种的推荐性技术要求。

国家药品监督管理局委托广东省药品监督管理局对在港澳已上市传统外用中成药进行审批,指导广东省药品监督管理局出台《关于简化在港澳已上市传统外用中成药注册审批的公告》(粤药监规许〔2021〕5号),通过调整审批事权、精简申报材料、简化审批流程、压缩审批时间等政策举措,加快推进港澳外用中成药在内地市场的上市速度。上市注册审评时限由200日压缩至80日,上市后变更审批时限由155日压缩至105日,再注册审批时限由135日压缩至85日。根据国家药品监督管理局药品进口数据库数据显示,实施简化注册审批政策以来,截至2024年8月,广东省药品监督管理局已核发15张港澳外用中成药《药品注册证书》,其中澳门2张,实现澳门中成药首次成功在内地上市注册;香港13张,切实推动大湾区中医药产业深度融合、协同发展。2024年12月,国家药品监督管理局综合司公开发布《关于简化港澳已上市传统口服中成药内地上市注册审批的公告(征求意见稿)》,将进一步推动港澳融入国家发展大局,推动粤港澳大湾区中医药产业的高质量发展。

广东省药品监督管理局制定《广东省医疗机构中药制剂跨境至澳门医疗机构使用工作试点方案》,依托广东中医药强省优势,将临床疗效确切、具有岭南特色的医疗机构中药制剂跨境至澳门使用,并确定广东省中医院和澳门镜湖医院作为跨境使用的点对点试点单位。目前,省药监局批准了6个品种跨境至澳门使用。

广东省药品监督管理局联合省发展改革委、省卫生健康委、海关总署广东分署印发《关于支持在横琴粤澳深度合作区使用澳门地区已上市部分药品的工作方案》,支持横琴粤澳深度合作区发展,满足在合作区居住的澳门特别行政区居民用药需求,加强相关药品的管理,保障合作区澳门居民用药安全、有效、可及等合法权益。

三、"三医联动"助推高质发展

（一）三医协同全链支持创新

为贯彻落实国家《深化医药卫生体制改革2024年重点工作任务》（国办发〔2024〕29号）提出的"三医协同"政策要求，广东省政府于2024年8月印发了《广东省深化医药卫生体制改革近期重点工作任务》，因地制宜地提出"优化药品使用管理机制。推动二级以上医疗机构建立医疗机构药事会规范化流程，每季度至少召开1次工作会议""发挥信息化支撑效能。围绕创新药等重点领域建设成果转化交易服务平台""深化健康湾区建设"等多项政策，在推动创新药械进院、大湾区医药特色化互联互通发展方面作出具体要求。

为支持"港澳药械通"政策在大湾区拓面发展，广东省医保局于2024年2月发布《关于做好"港澳药械通"医疗服务价格项目有关工作的通知》。该通知明确"港澳药械通"医疗服务项目价格实行备案管理，备案管理后实行市场调节价，在指定医疗机构使用。该通知还鼓励"港澳药械通"的药品和耗材通过采购平台采购，并做好价格监测和检查工作，协同卫健、药监部门做好"港澳药械通"注册审批、医疗服务价格等信息的对接和共享。

2024年10月，广东省政府发布的"生物医药38条"进一步明确"深化'三医协同'，强化研发、审批、生产、经营、应用、监管等环节的统筹协调"，并进一步细化各任务并落实负责和协同部门，从促进公立医院开展创新药械临床试验、加快创新药临床试验审评审批进程、建立临床研究伦理审查结果互认，到构建创新药械挂网采购新机制、促进创新药械入院使用、稳步推进医疗数据共享应用、促进商业健康保险发展等全方位全链条为省内生物医药产业高质量发展提供政策指引与保障。随后，广东省工信厅联合广东省卫健委、广东省医保局、广东省药品监督管理局研究起草了《广东省已获批创新药械产品目录遴选管理和支持政策措施（征求意见稿）》，对纳入目录内的创新药械拟给予从采集到进院的具体政策支持。

在地市方面，2024年初，广州市卫健委就明确"加强'一带一路'卫生健康合作，推动健康湾区赋能新成效""聚焦研究先行，积极融入全市产业布局，加强科技创新，建强人才队伍"[25]等新一年的工作目标，并主导举行了广州市内18家研究型医院联盟单位的授牌仪式，着力提升广州市内三甲医院的临床研究水平；发布了《广州研究型医院联盟建设工作方案》，重点提升临床试验的效率、推进成果的转化落地。广州市医保局则印发了《广州市医疗保障局关于印发广州医保支持创新医药发展若干措施的通知》（穗医保发〔2024〕7号），从进院、临床应用、支付渠道、服务支持四个方面对创新医药给予明确支持和保障，推动创新药械加速进院，为医疗机构使用创新药械松绑。广州市创新性提出建立GPO平台创新药械绿色挂网采购专区，这是全国范围内率先推出的创新措施，具有标杆示范作用。

（二）三地医疗协作初现成效

《粤港澳大湾区发展规划纲要》中有项重要的工作任务是"密切医疗卫生合作，塑造健康湾区"。医疗机构的协作发展在推动三地生物医药产业向纵深发展中起重要的引导作用。2019年以前，三地医疗协作主要是在深港以试点探索和框架性合作为主。以2001年由深圳市人民政府、北京大学和香港科技大学深度合作创办深圳北京大学香港科技大学医学中心为起点，2012年成立国内第一家深港合作的公立医院——香港大学深圳医院。2013年在CEPA①的合作框架下，港资深圳希玛林顺潮眼科医院成立。在2018年的第一届粤港澳大湾区卫生健康合作大会上，三地政府签署了《粤港澳大湾区卫生与健康合作框架协议》，旨在促进三地在人才、培训、交流、执业和共建等多方面的合作。此后，深港间的医疗合作成为常态化，为后续进一步向大湾区其他城市扩大合作范围积累更丰富的经验。

《规划纲要》出台后，大湾区内地各市积极落实政策部署，合作

---

① CEPA：《关于建立更紧密经贸关系的安排（补充协议5）》的简称。

地域和合作模式多点开花。广州、中山、珠海等地陆续落地多家合资或独资医院，合作的主体由公立医院为主转变为公私合作等多种方式协调发展，如暨南大学与爱尔眼科合作；前海蛇口自贸区医院与香港大湾区医疗集团合作运营的前海首家国际化社康（港澳居民健康服务中心）正式启用；中山大学附属第五医院与澳门镜湖医院签订了友好合作框架协议；珠海市人民医院医疗集团分别与澳门镜湖医院、澳门镜湖护理学院签订战略合作协议。三地医疗协作全面发展，横琴、前海和南沙在跨境执业、跨境电子病历互通、专家互聘、医疗协同、行业标准等方面陆续开展试点合作。如广州南沙区为了加快推进长者医疗券落地，积极推动医疗机构和香港医疗服务提供主体合作办医。2024年2月，中山大学附属第一（南沙）医院成功纳入"长者医疗券大湾区试点计划"，其国际部已开通部分商业保险报销，逐步推广境外医疗保险直接结算模式，方便港澳患者在穗就医。跨境执业方面，港澳医务人员来穗行医办医也更加便利。目前，港澳医师在穗执业注册，已实现1个工作日办结，"医疗机构执业许可证"实现6个工作日内核发。已有港方举办的"全科门诊部"在广州开业，为在穗就诊患者提供港式全科诊疗服务。

正是出于"塑造健康湾区"的工作要求，才有"港澳药械通"政策的出台实施，加速将港澳及国际先进医疗设备引入内地，提升医疗服务的质量和效率，推动医疗技术的创新和发展，为内地患者提供了更多的治疗选择。因此以满足临床药械需求为出发点，融通三地医疗服务，成为引领大湾区生物医药创新发展的重要抓手。

随着政策的引导，越来越多的港澳人员回内地就医，由此衍生出众多在政策实施过程中的新问题，相关监管部门针对问题合力研究解决，救护车转运就是其中一个细微但典型的例子。由广东省卫生健康委、深圳市卫生健康委和香港特区政府医务卫生局联合牵头，广东省港澳办、省公安厅、省药监局、深圳海关、深圳边检总站、深圳市港澳办、市场监督管理局、口岸办等部门与香港特区政府有关部门联合推动粤港跨境直通救护车试行计划，于2024年11月30日正式运行。这意味着可以使用粤港两地牌照救护车，将符合转运条件的病人，由香港大学深圳医院点对点通关转运至香港指定公立医院。此举将大幅缩短病人转运通关时间，降低病人在转运途中的风险。这是推动湾区医疗融合新发展的又一突破性举措。

第二节 市场

一、GDP 夯实产业发展基础

粤港澳的生产总值（GDP）从 2014 年约 9.26 万亿元升至 2023 年的 16.61 万亿元，十年增长几乎翻番（图 2-1）。大湾区以不到全国 0.6% 的国土面积，创造了全国 1/9 的经济总量[26]，若保持目前的增长速度，到 2026 年，大湾区整体的 GDP 将超越东京湾成为全球经济总量最大的湾区。庞大的经济总量为区内生物医药的发展奠定坚实的基础。

（以当年价格计算，单位：亿元）

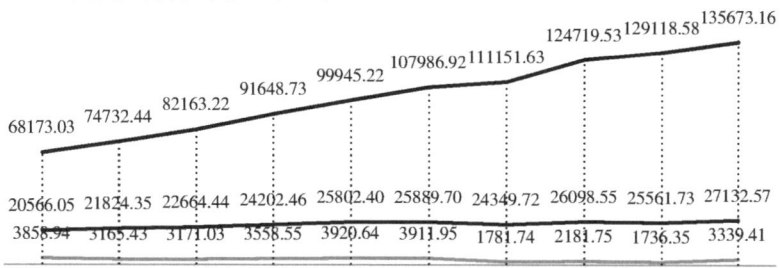

图 2-1　粤港澳生产总值

数据来源：广东省统计局、香港特区政府统计处、澳门统计暨普查局。

说明：香港的数据以 1 港币 ≈ 0.91 人民币进行换算；澳门的数据以 1 澳门元 ≈ 0.88 人民币进行换算。

虽然粤港澳的 GDP 总量表现优异，但广东省各地市的 GDP 存在一定差异。深圳、广州、佛山依次排在近十年 GDP 的前三位。2023 年三地 GDP 增速依次为 6.0%、4.6%、5.0%。大湾区九市中仅肇庆未能进入广东省 GDP 前十。进入 2023 年 GDP 前十位的大湾区八个城市中，深圳、佛山、惠州、江门和中山的 GDP 增速均超过全省 4.8% 的平均水平，如图 2-2 所示。

深圳的优势不断扩大，其 GDP 在 2019 年超越香港，成为大湾区城市之首。广州的 GDP 也在 2020 年超越香港，成为大湾区 GDP 第二位的城市。广州、深圳、香港已逐渐成为驱动大湾区经济增长的龙头城市。

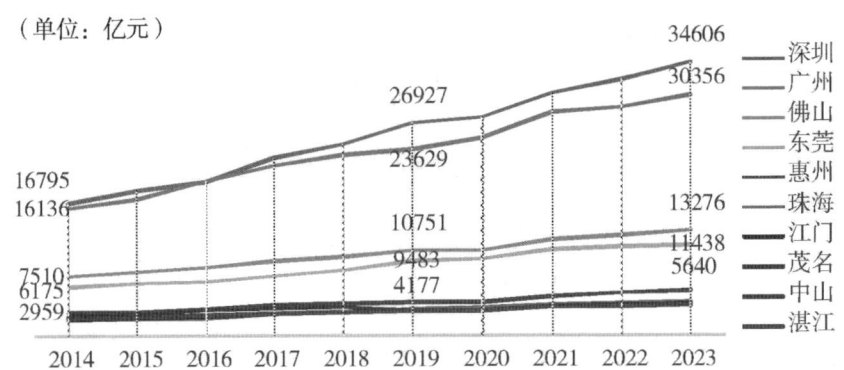

图 2-2　2014—2023 年广东省 GDP 前十位地市

数据来源：广东省统计局

加快培育新质生产力，向内拉动消费需求，对外寻找进出口突破口是广东省内各地市 GDP 实现增长的有效手段。居首位的深圳，2023 年实现规模以上工业增加值增长 6.2%，战略性新兴产业增加值增长 8.8%，连续两年实现全国城市"双第一"[27]。《深圳市 2023 年国民经济和社会发展统计公报》显示，2023 年，深圳市规模以上医药制造业增加值比上年增长 13.5%；全年社会消费品零售总额达 10486.19 亿元，比 2022 年增长 7.8%；货物进出口总额 38710.70 亿元,同比增长5.9%,其中,出口总额增长12.5%,进口总额下降4.0%,出口总额连续31年居内地大中城市首位。第二位的广州,社会消费品零售总额和商品进出口总值也已连续3年双双超过1万亿元。以"内循环带动外循环",以科技创新带动产业发展,打造"内外双循环"的战略格局正逐步实现。

二、医疗资源向穗、深聚集

(一) 医疗机构数

近十年来,广东省的医疗卫生机构数和医院类机构数持续增加,大湾区九市的医疗卫生机构数量在广东省占比逐年上升,医院类机构数量占比则有所下滑(表2-3、表2-4)。大湾区九市内近半的医院集中在广州和深圳,其中广州的医院数量几乎是深圳的两倍,2023年广州的医院数量占大湾区九市的30.0%。

表2-3 2014—2023年广东省及大湾区内地九市医疗卫生机构数

地区	2014年	2015年	2016年	2017年	2018年	2019年	2020年	2021年	2022年	2023年
广东省(个)	48087	48367	49124	49926	51527	53928	55900	57955	59531	62862
九市(个)	19344	19870	20378	21228	22891	25023	26391	28314	29513	31973
九市占广东省	40.2%	41.1%	41.5%	42.5%	44.4%	46.4%	47.2%	48.9%	49.6%	50.9%
穗、深占九市	16.5%	18.1%	19.4%	19.1%	19.1%	20.0%	19.8%	20.6%	19.8%	19.1%

数据来源:《2023年广东省卫生健康统计信息简本》。

表 2-4 2014—2023 年广东省及大湾区内地九市医院类机构数

地区	2014年	2015年	2016年	2017年	2018年	2019年	2020年	2021年	2022年	2023年
广东省（个）	1420	1482	1543	1626	1716	1796	1864	1923	1972	2031
九市（个）	852	872	895	923	969	1013	1044	1075	1099	1151
九市占广东省	60.0%	58.8%	58.0%	56.8%	56.5%	56.4%	56.0%	55.9%	55.7%	56.7%
穗、深占九市	45.1%	44.7%	45.7%	44.5%	44.1%	43.9%	44.5%	43.5%	43.8%	45.4%

数据来源：《2023 年广东省卫生健康统计信息简本》。

（二）诊疗人次

2023 年全省的医疗机构总诊疗人次已回升并超越新冠疫情前 2019 年的水平，达 9.04 亿人次。其中，大湾区九市医疗机构总诊疗人次占比近七成。九市中，47.4% 的诊疗人次来自广州和深圳两地（表 2-5），此比例已达近十年来的峰值，表明大湾区九市，特别是广州、深圳两地的医疗资源越来越聚集，诊疗影响力不断提升，吸引大湾区内外各地患者前来就医。

据《深圳特区报》报道，通关后的 2023 年，深圳共为境外人士提供诊疗服务 77 万人次，其中港澳人士 64 万人次，占比 80% 以上。另有数据显示，2024 年上半年罗湖医院集团接待香港患者门诊量达 36888 人次，同比增长 45%[28]。内地的医疗机构看病效率高、费用低，成为港澳人士选择回内地就医的主要原因。

表2-5 2014—2023年广东省及大湾区内地九市医疗机构总诊疗人次及占比

地区	2014年	2015年	2016年	2017年	2018年	2019年	2020年	2021年	2022年	2023年
广东（万人次）	78234	78896	81168	83562	84474	89105	72650	81584	80417	90446
九市（万人次）	53534	53668	54862	56770	57405	61272	47820	56007	54642	63035
九市占广东省	68.4%	68.0%	67.6%	67.9%	68.0%	68.8%	65.8%	68.6%	67.9%	69.7%
穗、深占九市	43.4%	44.0%	44.4%	44.4%	44.0%	44.3%	45.2%	46.1%	44.8%	47.4%

注：总诊疗人次不含住院人次，不含核酸检测人次。

数据来源：《2023年广东省卫生健康统计信息简本》。

三、多层次医疗保障体系护航

广东省内职工基本医疗保险人数和城乡居民基本医疗保险人数近年来维持平稳，医保基金的总收入和累计结余额稳步上升，为医药定点机构使用医保基金提供有力保障（表2-6）。

表2-6 2019—2023年广东省基本医疗保险情况

项目	2019年	2020年	2021年	2022年	2023年
职工基本医疗保险人数（万人）	4376	4548	4769	4857	4848
城乡居民基本医疗保险人数（万人）	6408	6413	6517	6296	6193
基本医疗和生育保险基金总收入（亿元）	2210	2229	1740	1969	2593

续上表

项目	2019年	2020年	2021年	2022年	2023年
收入同比增长	15.9%	1.6%	16.3%	12.9%	31.7%
年末累计结余（亿元）	3330	3665	2733	3231	3947
累计结余同比增长	14.2%	10.1%	5.3%	17.9%	22.2%

数据来源：广东省统计局历年经济运行统计公报。

除了基本医疗保障外，各地市相继推出的"惠民保"成为有益补充，为创新药械的发展预留了更多支付空间。以广州市的"穗岁康"为例，2021—2023年投保人数稳定在367～384万人之间，每年续保率超过80%，三年间合计为1118万人、746万个家庭筑牢普惠型商业补充健康保障（表2-7）。从试点开始截至2023年9月底，"穗岁康"合计赔付48.6万人次，赔付金额14.6亿元，减轻个人负担率达37.8%[29]。

表2-7 2021—2023年"穗岁康"运营情况

项目	2021年	2022年	2023年
参保人数（万人）	367	384	367
保费收入（亿元）	6.6	6.9	6.6
理赔支出（亿元）	4.7	6.2	5.2
赔付率	71.2%	89.9%	78.8%
理赔案件（万件）	17.3	22.1	16.7
件均理赔金额（元）	2717	2805	3114

数据来源："穗岁康"公众号。

在《规划纲要》的指引下，粤港澳相关部门纷纷出台、实施便利港澳人员在内地就医的政策措施，有效保障并激励了港澳人员在内地就医的积极性。根据《香港澳门台湾居民在内地（大陆）参加社会保险暂行办法》（人力资源社会保障部令第41号），自2020年起正式将港澳台居民纳入内地社会保险适用范围。符合条件的港澳台居民可以同时购买内地社保，在内地医院就医时享受与内地居民一致的报销比例。政策出台后，截至2023年年底，广东省参加居民医保的港澳人员达21.1万人[30]。又如"深圳惠民保"在2023年按照试点先行、逐步推进的方式，将"港澳药械通"部分药械纳入保障范围，个人负担费用年度累计4万元以上部分，支付50%，年支付限额50万元，从支付端有效保障政策的实施。

2023年5月，香港特区政府宣布推出"支援粤港澳大湾区医院管理局病人先导计划"，符合条件的香港市民到香港大学深圳医院看病，可以接受资助诊症服务，每次只需缴付100元诊金，余下费用差额由先导计划资助，每年上限2000元人民币。2024年2月，香港特区政府把7家位于粤港澳大湾区内地城市的医疗机构纳入"长者医疗券大湾区试点计划"，规定年满65岁的香港长者在这7家医院就医时可以使用香港的医疗券（每人每年2000港元，累积上限为8000港元）。日趋完善的支付保障方式有效促进了港澳居民在内地灵活就医。

四、卫生健康支出恢复常态化

自2020年起，广东省的卫生健康支出占当年一般公共预算支出的10%以上，2022年1—11月，新冠疫情防控措施持续升级，卫生健康支出额和在当年一般公共预算支出中的占比达到近几年的峰值。随着疫情防控转段，2023年的支出额及其占比虽有所下降，但仍然保持在2000亿元以上的水平（图2-3）。

香港食物及卫生局的资料显示，2021—2022年度，香港的私人及公共医疗卫生总开支约为2432亿港元（312亿美元），占本地生产总值（GDP）的8.5%[31]。

除了政府投入增加，居民年人均医疗保健的支出额也从2019年的1770元升至2023年的2120元。2023年医疗保健在居民人均消费

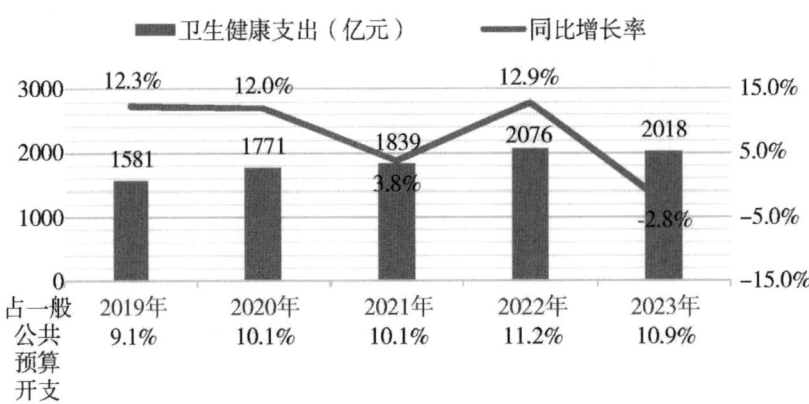

图 2-3　2019—2023 年广东省卫生健康支出情况
数据来源：广东省统计局历年经济运行统计公报。

支出中占比为 6.2%，较 2022 年上升 0.7 个百分点，这与疫情后，居民就医便利性恢复、诊疗人次提升、呼吸道疾病发病率上升等因素有关。

2023 年，广州市城镇居民人均可支配收入 80501 元，比 2022 年增长 4.8%，农村居民人均可支配收入 38607 元，同比增长 6.4%。城镇居民家庭人均消费支出 49480 元，比 2022 年增长 5.7%，其中人均医疗保健支出 2583 元，占人均消费支出的 5.2%，较 2022 年上升 0.3 个百分点①；深圳市居民人均可支配收入 76910 元，同比增长 5.8%。居民人均消费支出 49013 元，同比增长 9.4%，其中人均医疗保健支出 2513.40 元，占人均消费支出的 5.1%，较 2022 年上升 0.6 个百分点②。两地的人均医疗保健消费支出占比均低于全省平均水平。

根据《香港统计年刊（2024 年版）》中的数据显示，以当时市价计算，2023 年医疗及保健的私人消费开支为 1079.6 千亿港元，占

---

① 数据来源：《2023 年广州市国民经济和社会发展统计公报》。
② 数据来源：《深圳市 2023 年国民经济和社会发展统计公报》。

本地市场内货品及服务私人消费开支的 5.1%，较 2022 年增长 7.7%，以当年人口计算，人均医疗及保健消费开支 14325.6 港元，较 2022 年增长 5.0%。香港居民在医疗保健的私人消费开支是穗深两地的五倍多。内地就医的高性价比可见一斑。

第三节　环境

一、临床研究含金量待提升

（一）临床资源丰富

1. 临床研究机构数量居全国首位

截至 2024 年上半年，广东省内已有 150 家药品临床试验机构（以备案号计，下同）进行了备案，在全国已备案的 1580 家药品临床试验机构中占 9.5%，备案数居首位（图 2-4）；有 151 家医疗器械临床试验机构进行了备案，备案数居全国首位，占全国已备案的 1429 家医疗器械临床试验机构的 10.6%（图 2-5）。

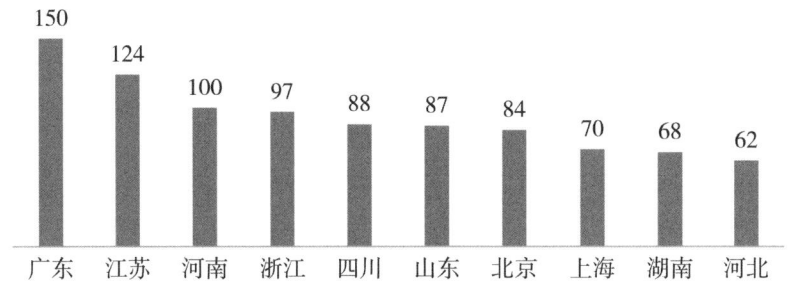

图 2-4　药品临床试验机构备案数量前十省份

数据来源：药物和医疗器械临床试验机构备案管理信息系统。

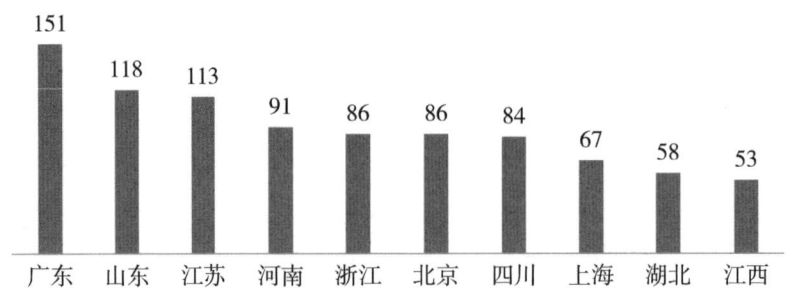

图2-5　医疗器械临床试验机构备案数量前十省市

数据来源：药物和医疗器械临床试验机构备案管理信息系统。

2. 临床试验开展数量未进入前三

药物临床试验登记与信息公示平台显示，截至2024年上半年，广东省内药企共登记了2020项临床试验（以试验登记号计，下同），在全国占比7.9%，居全国第四。前三位依次是北京、上海、江苏，临床试验登记数量分别为4439项、4298项、3900项。广东省内企业的临床试验开展数量不到北京和上海一半。

从试验状态看，1121项已完成，827项进行中，28项主动暂停，44项主动终止。对进行中的临床试验进一步分析发现：从类别看，化学药566项，生物制品210项，中药/天然药物51项（图2-6）；从试验所处阶段看，化学药与生物制品多为Ⅰ期试验，中药/天然药物则集中在Ⅱ期试验；生物制品Ⅲ期的数量多于Ⅱ期（图2-7）。

从主要研究者所在单位看，在进行的药品临床试验项目中，广东的临床试验机构占8.0%，居全国第三位，北京和上海分别占24.5%、14.5%（图2-8）。

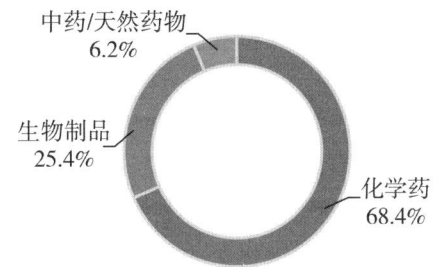

图2-6 广东省内药企临床试验药品类型分布

数据来源：药物临床试验登记与信息公示平台。

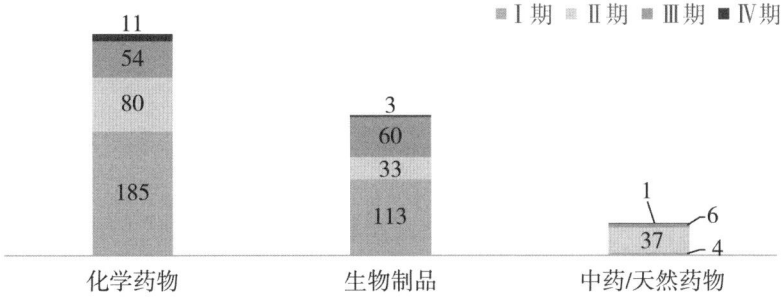

图2-7 广东省内药企临床试验阶段分布

数据来源：药物临床试验登记与信息公示平台。

注：生物等效性试验/生物利用度试验与未公布试验分期信息的未纳入统计。

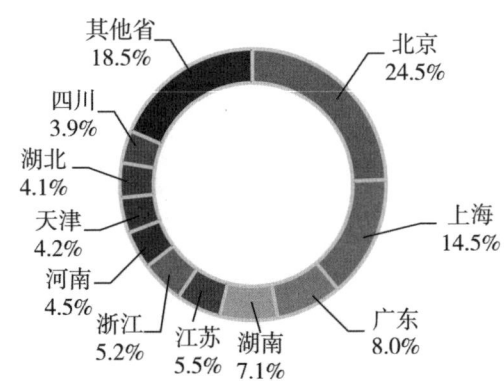

图 2-8　临床试验项目主要研究单位所在省（区、市）前十位

数据来源：药物临床试验登记与信息公示平台。

注：登记多个单位的统计第一个单位。

分析数据发现，香港威尔斯亲王医院、香港大学一期临床试验中心和香港中文大学药剂学院也有参与国内的临床试验，主要集中在 Ⅰ 期，主要参与了药代动力学、生物等效性试验/生物利用度和安全性这几方面的试验，委托企业以跨国药企为主。

（二）医工转化待加强

数据显示，2023 年广东省在全国三甲医院专利申请量（仅统计中国专利）、发明专利申请量、发明专利授权量、专利转化量和 PCT 申请量上都与首位省市有较大差距（表 2-8）。从对 2023 年全国三甲医院转化的 1975 件专利的受让人和被许可人分析，共涉及 915 家企业，在承接转化专利的企业中，江苏地区企业数量最多，为 148 家，其次是上海（139 家）和广东（126 家）。由此可见，广东省内三甲医院的创新能力和转化能力有较大的提升空间。

表2-8 2023年全国三甲医院创新转化情况对比表

转化类型	转化情况
专利申请量（仅统计中国专利）	北京>7000件，广东>3000件
发明专利申请量	北京>3000件，广东>2000件
发明专利授权量	北京>7000件，广东>3000件
专利转化量	上海435件，广东209件
PCT申请量	上海57件，广东17件

数据来源：《中国医院创新转化报告（2023）》。

目前，广东省内在医工转化方面主要依托"广州生物岛研究型医生创新转化空间"（以下简称"创新空间"）和广东省研究型医院学会双平台，以及粤港澳大湾区高性能医疗器械创新中心（以下简称"创新中心"），三者都在广州生物岛上。创新空间致力于打造医生孵化器，成为产业链"助推器"，与广东省研究型医院学会共同打造的"研究型医生临床研究技能培训课程"，旨在通过培训提高医务人员的临床研究能力及科学研究能力，反哺临床实践工作，培养同时具备卓越的临床工作能力和科学研究能力的高层次研究型医生。创新中心通过四大技术平台为医工协同创新提供共性技术支撑和关键技术攻关，主要从产业孵化的角度为初创企业提供从科研到资金的支持，加速创新成果向产业转化；同时，创新中心承办了"医创力"医工转化促进班，推动新药械和新技术的临床研究和转化应用。

在粤港澳协作医工转化方面，珠海正在建设中山大学附属第五医院珠澳转化医学中心及珠澳转化医学研究院，规划总床位1000张（含研究型病床300张），总投资约20亿元；建成集临床研究型诊疗平台、产业导向型科技平台、数据密集型支撑平台为一体的重大疾病救治和转化医学研究综合体。该项目是中山大学附属第五医院高质量创建国家级医学中心的重要载体，是珠海市建设粤港澳大湾区、对接服务澳门、辐射"一带一路"沿线国家和地区新征程中的重要布局，也是国家创新中心和世界人才高地建设以及大湾区西岸科技创新走廊建设的具体体现。

二、监管能力成为最强助力

（一）审评核查能力不断提升

1. 审评时限缩短为产业按下加速键

2024年2月，国家药品监督管理局印发《优化药品补充申请审评审批程序改革试点工作方案》，拟在有能力、有条件的省级药品监管局开展试点工作。广东省药品监督管理局第一时间选派技术人员赴国家药品监督管理局药品审评中心接受为期6个月的技术审评培训，并顺利通过考核，省内药品审评、审批队伍和能力建设得到增强，广东省药品监督管理局获批开展改革试点工作，审评、审批时限从200日缩短至60日，有力支撑了广东省生物医药产业快速扩产增效，并极大地促进了药品监管科学能力的提升。目前，广东省药品监督管理局负责的一次性进口药品审核、审批提速超过60%，第二类医疗器械产品注册审评提速50%[32]。

2024年7月，国家药品监督管理局印发《优化创新药临床试验审评审批试点工作方案》（国药监药注〔2024〕21号），旨在探索建立全面提升药物临床试验质量和效率的工作制度和机制，实现30个工作日内完成创新药临床试验申请、审评、审批，缩短药物临床试验启动用时。广东省"生物医药38条"中即提出，积极争取在广东开展优化创新药临床试验审评、审批试点，推动纳入广东省创新药试点项目在30个工作日内完成临床试验申请审评、审批。

广东省药品监管在提升效率的同时保证监管质量不降。近1年来，广东省药品检查中心完成药品生产注册相关检查474次，药品经营相关检查330次，医疗器械相关检查1684次（表2-9），切实保障药械上市前后的质量和安全，助推产业高质量发展。

表2-9 广东省药品检查中心完成药品（含医疗器械）检查任务分布情况

类别	阶段	类型	2023Q3	2023Q4	2024Q1	2024Q2
药品生产注册	上市前	联合注册检查（国家）	21	9	11	17
		生产许可检查	34	14	8	10
		药品生产质量管理规划符合性检查	31	24	30	49
	上市后	跟踪检查（年度计划）	45	64	37	51
		有因检查（年中新增）	12	1	3	3
药品经营	许可前	经营使用许可检查	43	50	34	36
	许可后	跟踪检查（年度计划）	69	0	55	43
		有因检查（年中新增）	0	0	0	0
医疗器械	上市前	医疗器械临床试验机构检查	27	24	21	11
		医疗器械临床试验项目检查	1	0	0	0
		医疗器械注册质量体系核查	318	321	337	311
	上市后	跟踪检查（年度计划）	0	0	0	0
		飞行检查（年中新增）	104	90	29	90

数据来源：广东省药品监督管理局审评认证中心。

2. 药品审评检查大湾区分中心

药品审评检查大湾区分中心（以下简称"分中心"）成立以来，按照"边筹建、边开展"的工作思路，积极开展相关工作。

（1）聚焦打造粤港澳大湾区药品创新服务平台。

平台建设主要从推动高层次人才建设、高标准健全工作体系、高效率开展审评检查业务几个方面着手。目前已构建起业务专业、门类齐全的审评检查队伍；已实现与国家药品监督管理局药品审评中心、核查中心业务衔接，按照"统一审评检查体系、统一业务流程、统一审评检查尺度"原则，高效保障质量管理体系一体化有效运行。分中心积极拓展审评业务范围，全面参与大湾区新药、仿制药、港澳进口药等注册事项的审评工作。截至2023年12月，分中心累计承担审评任务2325件，共提交了2198份专业审评报告，平均用时为5~10个工作日，均在时限内完成，加快了大湾区相关药品注册审评进程；共承接药品注册核查任务97个，办结84个，有力地促进了区域内药品研制工作的合规性。

(2) 大力促进药品产业高质量发展。

分中心成立前3年区域内新药临床试验（IND）、新药上市申请（NDA）和仿制药上市申请（ANDA）的申报数量分别为316件、35件和271件，成立后3年申报数量增加到656件、61件和540件，数量翻番。2021—2023年广东省新获国家批准的药品319个，2018—2020年为149个，数量翻番。产品申报和获批数量实现"双提升"。分中心创新服务机制，开展在研新药情况调查，聚焦重点项目，通过靠前服务、研审联动，精准提供政策法规和技术规范指导，提高企业注册申报效率，激发大湾区药品创新活力，加速创新成果转化。分中心的落户促进区域产业聚集的虹吸效应不断显现，河套深港科技创新合作区药品生产企业增加至675家。

(3) 着力研究药品监管创新"湾区经验"。

分中心不断畅通优化各类沟通交流渠道，提升药品注册审评服务效能，已规范形成一般性技术问题咨询、沟通交流会议、电话咨询、面对面咨询等多种对外咨询和沟通交流制度。目前，分中心共计开展沟通指导服务185次，覆盖160家研发机构，平均用时14个工作日，比规定的反馈时间最多缩短了61个工作日，且形式上以面对面沟通为主，占比88%，远高于全国面对面沟通占比（约10%）。同时，分中心主动创新服务机制，实施《支持和服务大湾区区域药品创新研发重点项目工作方案》，联合地方政府和药监机构，以临床价值为导向遴选重点项目，按照"提前介入、一企一策、全程指导、研审联动"原则，助力创新成果转化。

围绕药品审评检查主责主业，分中心持续推进监管新工具、新标准、新方法的研究和应用，推动审评、审批与医药创新同频共振。建立常态化工作会商机制，及时向广东省药品监督管理局反馈核查发现的问题；与广东省药品监督管理局、广东省检验所、深圳市市场局、深圳市药检院等13家单位开展紧密的人员交流合作，助力地方监管人才培养。深化与港澳交流合作，服务港澳团队30余次，以实际行动支持港澳融入国家发展大局。

3. 医疗器械技术审评检查大湾区分中心

医疗器械技术审评检查大湾区分中心（以下简称"分中心"）成立3年来，围绕"成为推动粤港澳大湾区高质量一体化发展的实践平台和服务医药产业创新发展的孵化平台"的定位，从七大职能开展工作。

（1）高质量推进审评检查，落实区域重大战略部署。

2023年，分中心共签收各类申请事项10423件，同比增长16.3%；转入技术审评3493件，同比增长20.6%；审结3601件，同比增长10.8%，其中首次注册审结559件、变更注册审结985件、延续注册审结1844件、其他事项213件，各项审评任务均以高质量、高标准完成；通过制定《受理前技术问题咨询操作规程》，大幅提升咨询回复的质量和效率。2023年，分中心累计答复受理前咨询预约申请共计1160件（其中现场296件、邮件864件），答复量较2022年增长4.3%。通过对1万余项受理前咨询问题进行分类、定义关键词、标签标识管理，梳理出共性技术问题110个、形成法规问题专题剖析材料8项，建立了内网运行的SVN信息化工具对数据进行分类标识和内部共享，对国家局及各省局医疗器械临床试验监督抽查800余条结果进行逐条分析，形成共性问题汇编，更好地解答指导临床试验检查相关难点问题；制定《创新优先产品主动服务沟通交流会议操作规程》，进一步规范、高效、有序开展主动服务工作。截至2023年12月，分中心实现对区域内46项创新特别审批产品、5项优先审批医疗器械产品相关企业主动服务全覆盖。2023年，分中心接收移交区域内创新器械 9 项，同比增长 125%；优先器械 1 项；此外，参与创新产品技术审评 11 件（首次注册 6 件、变更 5 件），审结 4 件（均为首次注册）。

（2）服务产业发展，深入开展区域调查研究。

与广东省药品监督管理局、各地市监管部门联合开展调研，走访产业集聚区、重点平台及生产企业，提供区域内针对性指导方案（九地市九场次）；围绕科学构建临床试验检查工作机制进行调研，形成《关于科学构建大湾区医疗器械检查工作机制的调研报告》，切实推动检查工作的开展；针对关键核心技术"卡脖子"问题，开展大湾区医疗器械科研成果转化调研，及时提供事前沟通指导服务。2023 年，分中心持续深化与区域内监管科学基地常态化交流机制，共针对 6 个前沿技术开展 8 期讨论，回复 38 个监管问题。共性问题咨询数量显著较 2022 年减少，有效提升了监管基地成果转化能力及水平，提升区域医疗器械创新转化活力。分中心开展监管科学研究，提升审评能力；联合开展"创新产品转化体系研究""创新生物材料医疗器械产业标准化体系规划与建议研究"项目，进一步融合各承担单位的优势资源，探索创新产品转化体系新路径。分中心还结合企业对培训的需求建议，制定年度培训计划，并逐月推进；2023 年举办 8 场培训，超过 2000 人次参与，覆盖企业超 1100 家，总体满意度 90% 以上；创新协同机制，开展"共绘大湾区医疗器械创新发展蓝图座谈会"和"河套合作区医疗器械监管创新座谈交流会"。分中心收集反馈建议 59 项，为解决重点技术疑难问题提供帮助；积极服务港澳发展，与港澳建立交流渠道，落实服务香港医疗器械监管需求，起草实施方案并报国家局审阅。

（3）高标准夯实人才支撑，保障各项工作行稳致远。

分中心加快构建人才聚集高地，计划在职在编人员 97 人；现有博士学历 5 人，硕士学历 59 人，占比 90.1%，具有审评资质审评员 26 名，其中 B 级审评员 16 名。重视干部队伍能力建设，已派 3 批次干部人才分别赴器审中心、核查中心开展轮训；对新进人员开展岗前培训工作，组织完成审评专业培训、实训以及参加学会、论坛等活动。

（二）检验检测能力增强，提升专业力

1. 广东省药检所/医械所

（1）广东省药检所。

作为广东省药品监管重要的技术支撑，广东省药检所积极探索，稳步推进检验检测工作转型，取得多项成效。截至2024年7月底，全所共签发检品14393批件，除进口中药材检验周期性回落，其他检验业务类型均稳定增长，其中监督检验同比增长5.0%；探索整合省生物医药协同创新中心和国家药品监督管理局重点实验室等科研资源，监管科学研究能力逐步提升；在全国率先开展药品领域涉嫌犯罪案件检验体系建设；注册检验同比增长22.8%，连续三年稳步提升；新型生物药检测平台建设扎实推进，放射性药品检验能力建设取得实质性进展，药物安评中心新址完成搬迁，WHO–PQ实验室预认证加快推进，检验检测智能化平台（一期）上线运行，全省实验室一体化建设已实现21个地市全覆盖[33]。

在细分检测能力上，2024年上半年生物制品批签发工作再上新台阶，批签发总量达1277批，占全国20%，在省级药检机构中位列首位，其中血液制品1243批，全国排名第一，进口批量更是占据全国半壁江山，货值达52.2亿元，有力推动了广东省生物医药产业发展[34]。广东省药检所在省委、省政府及广东省药品监督管理局的持续关心支持和大力推动下，人员编制、场地设施、设备采购等方面获得充分保障，不断加强检验检测能力建设，提升服务监管和产业高质量发展的能力水平，现有生物制品领域检验能力达194项，初步搭建起新型生物制品检验平台，实现了省内在产抗体类制品检验能力全覆盖、细胞治疗产品检验能力初具规模，为后续大湾区生物医药创新发展提供强有力的技术支撑。

广东省药检所自1983年被国家列为口岸药检所以来，多年来在进口药品检验、标准复核方面积累了丰富的经验。近年来广东省药检所进口中药检验量高速增长，2022年完成进口中药检验8844个拣样，总货值19.3亿元，进口中药检验量占全国60.7%；2023年完成

进口中药检验 12339 个拣样，同比增长 47.4%，连续多年排名全国第一[35]。

同时，广东省药品检验所是全国第一家成立药用辅料室的省级药检所，承担的药用辅料标准品种被 2020 年版《中国药典》收载 34 个；完成了《中国药典》中 62 个辅料品种的英文稿撰写工作；被国家药典委员会指定为《中国药典》62 个辅料品种的标准监护人，重点实验室的药用辅料标准起草与监护品种数量均居全国首位，已实现 100% 覆盖《中国药典》药用辅料检测项目，在儿童药用辅料及中药配方颗粒辅料方面也有深入研究[36]。

（2）广东省医疗器械质量监督检验所。

广东省医疗器械质量监督检验所（国家食品药品监督管理局广州医疗器械质量监督检验中心）（以下简称"广东医械所"）是迄今为止华南地区唯一的国家级医疗器械检验机构，同时履行广东省质量监督医疗器械检验站与广东省质量监督药品包装产品检验站的职责。近年来，广东医械所以服务承诺为抓手，积极深入推进检测流程优化，创新检验服务方式，不断提高检验检测质量和效率。例如，坚持落实"绿色通道"政策，缩短周期、专人受理、专班跟进，优先协调解决送检过程中存在的问题，创新通道检验周期提速 40%，重点项目通道提速 30%，优检通道提速 20%。通过网站公示《检验任务全流程周期》《注册产品检验周期》，提高检验流程透明度，主动接受社会公众监督，助推企业送检产品快速完成检验工作。此外，还通过优化产品送检资料清单，分类规范送检资料要求，减少送检资料数量，简化受理审核门槛。积极邀请企业代表参加专题"咨询开放日"活动，面对面聆听企业的需求，解决送检工作的堵点和难点[37]。

在检验能力建设上，近期，广东医械所顺利通过国家资质认定（CMA）扩项和实验室认可（CNAS）"复评＋扩项"二合一评审（共获批 213 项标准、1554 项检验参数的检验能力），扩项标准检验能力正式获得国家认证认可监督管理委员会和中国合格评定国家认可委员会的批准。检验内容主要涉及医用电气设备、一次性使用无菌器械、敷料、体外诊断试剂、生物学评价等产品和领域。经过本次扩项评审，广东医械所检验能力再上新台阶，现有检验能力1988项标准，涵盖20084项检验参数，其中包括新版GB 9706系列标准63项，覆盖了已发布系列标准的84%[38]，为广东省医疗器械高质量发展提供更有力的技术支持。

2. 澳门中药监测中心

2022年1月成立的澳门中药监测中心，以服务澳门药监和"发展澳门检测，实现澳门认证，助力澳门中药产业化和国际化发展"为目标，在建立质量体系、加强队伍建设、提升检测能力、拓展检测服务、扩大交流推介、制定中药标准、打造标准领导等方面积极开展工作。截至2024年10月，该中心已有118项检测获得中国合格评定国家认可委员会（CNAS）认可，具备了为行业提供检测服务的资质和能力，也成为推动粤港澳三地检验检测服务协同发展的重要支撑之一。

三、创新金融引入源头活水

2023年广东省生物医药领域共发生163起融资事件，居全国第二位，比首位的江苏省少32起；融资金额101.75亿元，居全国第三位，仅为上海市融资额的50.8%。2024年上半年共发生61起融资事件，其中早期（包括天使轮、种子轮、preA）16起，中期（包括A、A+、B轮）30起，后期（包括C、D轮，战略，并购，IPO）11起，其他4起；主要发生在深圳（39起），其次是广州（16起）。2024年一季度融资金额最大的是上市公司广州万孚生物，定向增发7亿元；二季度融资金额最大的是深圳晶泰科技，该公司2024年6月在香港交易所主板挂牌上市，净募集资金约8.96亿港元。

截至2024年6月底，广东省共有60家医药上市公司①，占全国医药上市公司总数的10.4%。其中，医疗器械以25家上市企业居首位；第二位是化学制药，有12家上市企业；第三位是中药，上市企

---

① 统计范围是A股与港股申万一级分类为"医药生物"的公司。

业10家。60家上市公司2024年上半年合计实现营业收入2093.9亿元，同比下降1.6%。

为充分调动各方积极性，激活市场投资热度，广东省政府近期发布的"生物医药38条"提出，要加大医药金融支持、促进商业健康保险发展。工作举措包括：落实好"科技金融15条"政策，发挥国家自然科学基金引导作用；培育中长期投资者和"耐心资本"；统筹用好省创新创业基金、产业发展基金等现有政策性基金，研究设立广东省生物医药产业投资引导基金；引导金融机构持续加大对生物医药研发、创新、制造等领域的政策性金融支持，鼓励风险投资机构"投早投小"等[39]。

截至2024年上半年，广东省保险业在科技保险领域所累计提供的风险保障金额已突破1.54万亿元。与此同时，广东省地方金融监管局携手省科学技术厅，推动保险业创新，共同制定了至少8项科技保险示范条款，旨在加速科技与金融的深度交融，为科技型企业的创新发展注入强劲动力。未来，广东省保险行业还将进一步推出包括广东省药物临床试验责任保险在内的多项科技保险示范条款，以拓宽服务范围。

人民银行广东省分行亦积极行动，鼓励并指导辖区内的银行机构探索实施"投贷联动+提升贷款风险容忍度"的创新模式，有效提升了整个区域内金融机构对科创企业贷款风险的容忍度。

与此同时，随着股权投资试点范围的扩大及相关政策的落地实施，深圳与广州迅速响应，设立了多支AIC股权投资基金。其中，广州首支AIC股权投资基金意向募集规模达100亿元，将重点聚焦于广州的生物医药与健康、新能源与节能环保、智能装备与机器人等战略性新兴产业。这是广州继设立1500亿元产业投资基金、500亿元创业投资基金、100亿元天使投资基金后，再次通过扩大财政金融资源供给，吸引并培育更多长期资本涌入创新投资领域，实现新的突破。深圳方面，多支AIC股权投资试点基金同样瞄准了生物医药、新一代信息技术等深圳"20+8"产业集群的关键领域，为优质科创企业的成长和新质生产力的培育提供了坚实的资金支持。截至目前，深圳已成功落地总规模 420 亿元的 AIC 股权投资试点基金,彰显其在推动科技创新和产业升级方面的坚定决心与显著成效。

第四节 技术

一、研究投入增强创新动力

(一)企业 R&D 经费投入占比不断提高

1. 总体投入持续增长

近年来,广东省研究与试验发展(以下简称 R&D)经费投入和投入强度①逐年上升。2023 年,经费投入已突破 4800 亿元,较 2022 年增长 8.9%;投入强度较 2022 年提升 0.12 个百分点,如图 2-9 所示。

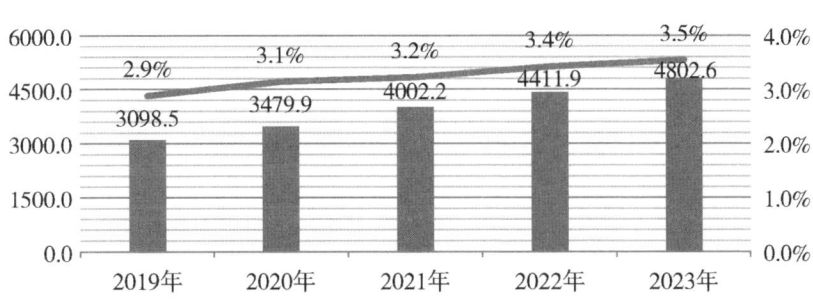

图 2-9 2019—2023 年广东省 R&D 经费投入情况

数据来源:2019—2023 年广东省科技经费投入公报。

---

① 投入强度:投入费用与全省地区生产总值之比。

从活动主体看，以各类企业投入的 R&D 经费为主，占总体投入额的 85% 以上，且占比不断扩大，企业对技术创新越来越重视。政府属科研机构的经费支出和高等院校的经费支出占比则呈下滑趋势，如表 2-10 所示。

表 2-10　各活动主体 R&D 经费投入占比

各活动主体占比	2020 年	2021 年	2022 年	2023 年
各类企业 R&D 经费支出	86.2%	86.7%	87.1%	87.1%
政府属科研机构经费支出	5.2%	4.9%	4.7%	4.2%
高等院校经费支出	5.8%	5.6%	5.4%	5.4%
其他企事业单位经费支出	2.8%	2.9%	2.8%	3.3%

数据来源：2020—2023 年广东省科技经费投入公报。

内地九市的 R&D 经费投入占全省 95% 以上，其中以广州和深圳为主，两地 2023 年的 R&D 经费投入分别达 1043.0 亿元和 2236.6 亿元，投入强度分别为 3.4% 和 6.5%。深圳自 2020 年起，投入强度保持在 5% 以上。九市中只有深圳和东莞近 5 年来投入强度均高于全省水平，如表 2-11 所示。

表 2-11　2019—2023 年内地九市 R&D 经费投入强度变化情况

(单位：%)

地区	2019 年	2020 年	2021 年	2022 年	2023 年
全省	2.9	3.1	3.2	3.4	3.5
广州	2.9	3.1	3.1	3.4	3.4
深圳	4.9	5.5	5.5	5.8	6.5
珠海	3.2	3.3	3.0	2.9	4.1
中山	2.1	2.4	2.3	2.8	3.3
佛山	2.7	2.7	2.8	2.8	2.1

续上表

地区	2019年	2020年	2021年	2022年	2023年
东莞	3.1	3.5	4.0	4.1	3.9
惠州	2.6	3.0	3.4	3.4	3.1
江门	2.3	2.5	2.6	2.4	2.0
肇庆	1.1	1.1	1.1	1.4	1.7

数据来源：2019—2023年广东省科技经费投入公报。

2. 医药制造业投入更强

2020—2022年，广东省医药制造业R&D经费投入持续增长，2022年的投入已接近百亿（图2-10），连续2年的同比增长率分别为36.8%和19.6%，占总体经费投入从1.7%上升至2.2%，高于医药制造业营业收入在全省GDP中的占比。医药制造业R&D经费投入强度也高于总体的投入强度，表明医药制造业仍处于持续加大投入阶段。

虽然深圳总体的R&D经费投入强度较高，但在医药制造业的投入强度不及总体水平，2021年深圳医药制造业R&D经费投入强度为4.63%①。同期广州的投入强度达5.83%，2022年更是高达6.82%[40]，这与广州聚集了省内主要的临床研究机构、高等院校、国家级实验室等生物医药相关研究资源有关，也凸显了广州在生物医药领域的底蕴，以及生物医药对广州发展的重要性。

从2024年上半年广东省生物医药上市企业R&D投入情况看，化学制药、中药、生物制品、医疗器械四类分别有7家、3家、3家、11家企业研发费用过亿，分别占各类别上市企业数的58.3%、30.0%、60.0%、44.0%；各类别平均研发投入强度分别为12.2%、3.0%、38.4%、12.9%；各类别研发强度最高的企业分别是微芯生物（33.8%）、特一药业（6.9%）、百奥泰（100.1%）、华大智造

---

① 数据来源：《2021年深圳市科技经费投入统计公报》。

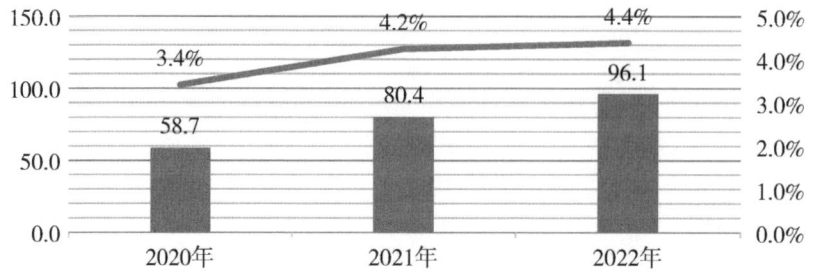

图2-10 2020—2022年广东省医药制造业R&D经费投入情况

数据来源：2020—2022年广东省科技经费投入公报。

（30.8%）（表2-12～2-15）。

表2-12 2024年上半年广东省化学制药上市企业R&D投入情况

证券简称	研发费用（亿元）			研发强度
	2023H1	2024H1	同比	
健康元	7.7	7.1	-6.6%	8.7%
丽珠集团	6.1	4.9	-19.7%	7.8%
海普瑞	1	0.8	-15.0%	2.9%
信立泰	1.6	2	23.2%	9.9%
一品红	1.3	1.4	9.5%	15.6%
润都股份	0.4	0.6	37.9%	10.0%
溢多利	0.4	0.5	11.4%	12.3%
泰恩康	0.3	0.4	26.7%	9.9%
微芯生物	1.6	1	-37.0%	33.8%
翰宇药业	0.9	0.4	-53.4%	16.0%
赛隆药业	0.2	0.1	-24.7%	7.3%

续上表

证券简称	研发费用（亿元）			研发强度
	2023H1	2024H1	同比	
君圣泰医药	1.2	2	68.2%	—

数据来源：Wind。

表2-13 2024年上半年广东省中药上市企业R&D投入情况

证券简称	研发费用（亿元）			研发强度
	2023H1	2024H1	同比	
白云山	4	3.9	-2.4%	1.0%
华润三九	3	3.3	10.6%	2.3%
中国中药	3.1	2.7	-14.6%	3.2%
康美药业	0.2	0.2	-3.4%	0.9%
众生药业	0.5	0.6	7.5%	4.2%
康臣药业	0.5	0.4	-14.6%	3.2%
香雪制药	0.3	0.4	21.7%	3.2%
特一药业	0.2	0.2	9.0%	6.9%
嘉应制药	0.03	0.04	20.3%	2.3%
粤万年青	0.04	0.04	1.9%	2.8%

数据来源：Wind。

表2-14 2024年上半年广东省生物制品上市企业R&D投入情况

证券简称	研发费用（亿元）			研发强度
	2023H1	2024H1	同比	
康泰生物	2.4	2.2	-10.1%	18.3%
康方生物	5.7	5.9	3.4%	58.0%

续上表

证券简称	研发费用（亿元）			研发强度
	2023H1	2024H1	同比	
卫光生物	0.2	0.2	11.1%	4.0%
万泽股份	0.3	0.6	92.8%	11.7%
百奥泰	4.2	4	-4.1%	100.1%

数据来源：Wind。

表2-15 2024年上半年广东省医疗器械上市企业R&D投入情况

证券简称	研发费用（亿元）			研发强度
	2023H1	2024H1	同比	
迈瑞医疗	18.5	17.8	-4.1%	8.6%
新产业	1.7	2	18.8%	9.2%
万孚生物	1.9	2	3.4%	12.5%
健帆生物	1.1	1.1	-1.6%	7.5%
华大智造	4.3	3.7	-13.9%	30.8%
开立医疗	1.7	2.1	25.0%	21.0%
惠泰医疗	1.1	1.3	22.9%	13.4%
亚辉龙	1.4	1.5	12.3%	16.1%
理邦仪器	1.6	1.6	3.6%	17.6%
美好医疗	0.5	0.6	9.3%	8.1%
维力医疗	0.4	0.4	4.8%	6.4%
先健科技	1.1	1.4	26.5%	21.4%
尚荣医疗	0.2	0.2	-8.0%	2.7%
普门科技	1	1	1.4%	16.7%
宝莱特	0.4	0.4	-6.7%	7.1%

续上表

证券简称	研发费用（亿元）			研发强度
	2023H1	2024H1	同比	
乐心医疗	0.5	0.5	-3.2%	10.3%
凯普生物	0.7	0.5	-35.6%	11.2%
达安基因	1.5	1.2	-21.7%	29.7%
阳普医疗	0.2	0.1	-21.5%	4.8%
洁特生物	0.2	0.1	-19.4%	5.6%
安必平	0.3	0.2	-20.1%	8.2%
冠昊生物	0.2	0.2	-20.7%	8.4%
迈普医学	0.1	0.1	-8.1%	9.1%
易瑞生物	0.4	0.2	-50.3%	19.4%
锦好医疗	0.1	0.1	-0.8%	17.4%

数据来源：Wind。

（二）财政投入科技重大项目比例上升

2020 年开始，广东省财政科学技术支出维持在 950 亿元以上，近 3 年保持在约 980 亿元的水平。其中科技重大项目拨款持续增长，2023 年较 2022 年上升 38.2%，突破百亿（表 2-16），其在财政投入的占比从 2019 年的 3.6% 上升至 2023 年的 10.3%，表明广东省越来越重视科技重大项目的建设。

表2-16 2019—2023年广东省财政科学技术支出变化情况

年份	2019年	2020年	2021年	2022年	2023年
财政科学技术支出（亿元）	1168.8	955.7	982.8	983.8	980.5
同比增长率	13.0%	-18.2%	2.8%	0.1%	-0.3%
科技重大项目拨款（亿元）	42.2	58.2	71.2	73.1	101.0

数据来源：2019—2023年广东省科技经费投入公报。

2022年，广东省出台《广东省重点领域研发计划"十四五"行动方案》，推进省重点领域研发计划，部署第九批和第十批项目，包括"芯片设计与制造"战略专项3个先期启动项目，"精密仪器与设备""生物安全技术""绿色生物制造""精准医学与干细胞"等9个重点专项，以及"省属国有企业技术创新专项"，立项155项，省级财政投入16.34亿元，社会投入35.66亿元[41]。

二、专利是发展的重要支撑

生物医药是知识密集型产业。近年来，大湾区内的科研机构、高校、企业紧密协作，在创新药和创新医疗器械方面取得一定成果，生物医药产业提质增速，知识产权创新活力不断增强。相关数据统计显示，粤港澳大湾区生物医药产业领域已申请专利45890个，全国排名第四[42]。2022年中国医药专利公开申请人总排名中，中国药科大学居榜首（525件），浙江大学（338件）、中山大学（308件）分别居第二和第三；企业排名中，广东东阳光药业以170件的申请量居第三位；高校/科研院所排名中，中山大学、暨南大学、华南理工大学、华南农业大学分别位列第三、第十三、第十五和第十八位[43]。截至2023年，广东省植入式柔性电极技术、柔性外骨骼机器人、3D器官打印技术、类器官培养技术、智能仿生皮肤技术这五大医疗器械前沿技术的专利数量居全国首位①。

《广东省发展生物医药与健康战略性支柱产业集群行动计划（2021—2025年）》提出目标：至2025年，有效发明专利量超过1.5万件。这些专利的积累为生物医药产业的发展提供了坚实的技术支撑。

随着企业"出海"需求的增加，对知识产权的保护愈发重要。数据显示，2019—2023年，全球专利药的市场规模复合增长率为3.3%，销售额从8877亿美元扩大至10103亿美元，预计2026年和2030年将分别达到12312亿美元和14694亿美元[44]。2013—2023年，我国的"一带一路"共建国家专利申请最多的10个技术领域中就有药品和生物技术，两者的专利申请量分别为2530件和1924件，年均增长率分别为25.0%和28.3%②；2023年，我国药品和生物技术企业在"一带一路"共建国家专利授权量分别为203件、152件，同比分别增长5.7%、0.7%③。2023年我国医学装备专利申请量达13.8万余件，占全球的67%[45]。2024年9月2日，国务院办公厅发布《关于以高水平开放推动服务贸易高质量发展的意见》（国办发〔2024〕44号），明确提出"完善技术贸易管理和促进体系，打造创新资源对接平台，拓展国际技术合作网络，促进知识产权国际化运营，对研发中心技术跨境转移给予便利化安排，规范探索通过知识产权证券化、科技保险等方式推动科技成果转化运用。鼓励商业银行采用知识产权质押、预期收益质押等融资方式，促进技术成果转化和交易""健全海外知识产权维权援助机制"等，为我国药械企业跨境合作以及全球市场拓展提供了有力的制度支撑，有助于促进相关领域知识产权的国际化运营。粤港澳大湾区作为对外合作的"桥头堡"，知识产权的国际化运营是其中重要的一环。

---

① 根据赛迪顾问发布的《2024医疗器械十大前沿技术研究报告》整理分析。
② 数据来源：《中国与共建"一带一路"国家专利洞察（2013—2023）》。
③ 数据来源：《2023年我国企业在共建"一带一路"国家专利布局能力持续增强》，国家知识产权局战略规划司，2024年5月22日。

三、创新载体平台动能澎湃

广东区域创新能力连续7年位居全国首位，6所港澳高校在珠三角地区设立了10所广东省新型研发机构，粤港澳联合实验室达31家，面向港澳的孵化载体超过130家，港澳人才加速到内地创新创业。

2023年，我国医药制造业发明专利产业化率仅为43.0%①，居各经济行业的第十一位，因此专利只是第一步，打通创新技术从实验室到商品的"最后一公里"，才是加快形成新质生产力的关键。《博鳌亚洲论坛·创新报告2023》提出，粤港澳大湾区在专利综合能力上领先世界其他湾区，其中2017—2021年，粤港澳大湾区同族专利②公开量超过300万件，复合增长率20.24%，专利市场覆盖程度居四大湾区之首[46]。科技创新为粤港澳大湾区产业发展注入强劲动能。

（一）广州国家实验室

2023年3月23日，由广州国家实验室、广州呼吸健康研究院联合众生睿创研发的来瑞特韦片获批上市，这是我国具有自主知识产权的原创1类新药，也是国际首款无需联用利托那韦的拟肽类3CL靶向抗新冠药物。这款药仅用了不足14个月的时间就完成了从确认新药结构到递交申报，是一次产研结合的充分体现，也是广州国家实验室作为呼吸系统疾病领域的国家战略科技力量，充分发挥引领作用，推进新型举国体制下实现"从0到1"的科技攻关的缩影。

2021年，依托广州医科大学、生物岛实验室、中国科学院广州生物医药与健康研究院等单位优势研究力量，广州国家实验室挂牌成

---

① 数据来源：《2023年中国专利调查报告》。
② 同族专利指的是具有至少一个相同优先权、在不同国家或国际专利组织多次申请、多次发表或批准相同或实质上相同内容的一组专利文件。

立,这是深化科技体制机制改革背景下集合最强力量打造的一个新型科研事业单位。广州国家实验室成立3年来,共研发上市6款药物疫苗,解决了老年人以及基础疾病患者等人群安全使用新冠药物的世界难题;研发了全球第一个通过肿瘤体内注射给药的高效、广谱、低毒、特异性肿瘤化学致坏死药物,填补了中央型非小细胞肺癌药物介入治疗空白;建立了胸部疾病AI诊断工具,将早期肺癌诊断准确率提高到91%,减少73%的非必要手术;开创了胸外科"无管"微创手术新模式,实现45%患者术后24小时内出院,将肺癌5年生存率提高7.5%;研发了首台国产商业场发射透射电子显微镜TH–F120,打破了透射电镜100%依赖进口的局面,为开展科学研究提供重要支撑。广州国家实验室已形成"核心+基地+网络"的组织架构,凝聚各方研究力量,与众多优秀的生物医药企业(100家)、全国重点实验室(30家)、网络医院(900多家)开展联合科研攻关,实现多领域、多层次、多形式的合作创新,构建了一个全链条科技研发的实验室体系。目前,广州国家实验室集聚了1500多人的高水平科研队伍,并通过发挥"总平台、总链长"的作用,凝聚全国乃至海外的优秀科研力量联合创新,发挥出战略科技力量应有的价值[47]。

(二)深圳医学科学院、深圳湾实验室

正式成立于2023年11月的深圳医学科学院(SMART)由2022年底回国的颜宁院士创立,以探索鼓励源头创新的新机制、引进与培养高水平人才为使命,组织、开展覆盖生物医学基础研究、临床研究和产业转化的全链条研究及转化工作,目标为打造生物医药的东方大湾区。以人才为核心,SMART聚焦源头创新,提出2年搭建从基础、转化到临床的完整生物医药创新链条。同时,颜宁院士还负责深圳湾实验室。深圳湾实验室共拥有1131位全职人员,包括8位院士,15位杰青,13位长江学者,32位引进外籍和港澳台人员等[48]。世界顶尖人才集聚,支撑起这个深圳生物医药领域重大创新载体的发展。

（三）国家高性能医疗器械创新中心

国家高性能医疗器械创新中心（以下简称"国创中心"）于 2020 年 4 月由工信部批复成立，是我国医疗器械领域唯一的国家级制造业创新中心，致力于突破高端医疗器械行业关键共性技术，构建贯穿创新链、产业链和资金链的高端医疗器械行业创新生态体系。国创中心依托深圳高性能医疗器械国家研究院有限公司实行企业化运营，股东包括中国科学院深圳先进技术研究院、深圳迈瑞生物医疗电子股份有限公司、上海联影医疗科技股份有限公司、先健科技（深圳）有限公司、哈尔滨工业大学、中国医学装备协会等。

国创中心面向国家战略，布局高端医学影像、体外诊断、先进治疗、医用材料、植介入器械、康复与健康信息等领域，与企业建立联合创新体，共同开展技术攻关与产业转化。其研制的首个具有自主知识产权的国产 ECMO 设备和耗材套包，一举填补了国内长期空白；研发的全球首台 5.0T 人体全身医学磁共振成像系统，首次实现了超高场磁共振全身临床成像。在国创中心的带动下，国内一批龙头医疗器械企业加快创新技术布局，一批"专精特新"医疗器械企业加速集聚发展，深圳高端医疗器械产业持续向全球医疗器械高地迈进。

与此同时，国创中心着力构建高端医疗器械行业创新生态体系，打造"关键共性技术研发＋检验测试＋中试＋工程转化及生产制造＋设备共享"的全方位平台，发挥国家级平台创新能级；建设 CRO 综合服务、CDMO 定制生产、资本运作、育成孵化、品牌运营五大板块，打造高端医疗器械行业技术转化与产业服务体系；举办国家高性能医疗器械创新生态峰会、深圳高性能医疗器械展会、"国创杯"全国医疗器械创新创业大赛、中国医疗器械行业榜单及奖项等一系列品牌活动，促进高端医疗器械产业链上下游协同创新。通过近年来的持续探索，国创中心已经初步构建促进高性能医疗器械产业高质量发展的全链条创新生态。

第三章

问题、挑战与机遇

第一节 问题与挑战

一、医药创新力稍显不足

粤港澳大湾区生物医药的创新力与长三角和京津冀区域相比,稍显逊色。从2023年国家药品监督管理局批准的40个一类创新药的区域数据来看,江苏、浙江、上海依次排名前三,其中江苏省9个,占全国五分之一,而广东省只有3个[①];2014—2023年,国家药品监督管理局共批准250个第三类创新医疗器械,其中广东省累计获批36个,仅居全国第三位;2023年广东省第三类医疗器械首次注册数量319个,落后于江苏省的430个[②]。作为全国医疗器械的制造大省,一直引领全国医疗器械创新发展的广东省,其领先优势正逐步被蚕食。

大湾区的生物医药企业在创新转型与市场竞争中明显存在一些挑战。一方面,处于改革开放前沿的大湾区一直以商贸为主,而我国的医药行业在改革开放初期也是重销售轻研发,因此形成了大湾区传统的医药生产企业普遍以中成药和普通仿制药为主的产业格局,而这些企业的优势往往在渠道和营销上。近年来,随着药政改革、集采和国

---

① 数据来源:《2023年度药品审评报告》。
② 数据来源:《2023年度医疗器械注册工作报告》。

谈的推行、国家对产业转型升级的决心以及对创新支持力度的加强，医药行业的发展逻辑已从营销转向研发创新，从 2017 年开始，药物研发从 Me-Too 到 Me-Better，从 Fast-Follow 到 FIC（First-in-class，首创新药），不过短短数年，我国新药研发的水平迅速提升。提前多年布局创新药企业培育的上海生物医药产业园、苏州生物医药产业园等均呈现出惊人的爆发力。"长坡厚雪"的生物医药并非短期内就能看到成效的，在创新研发不占先发优势的大湾区，需要找到适合的发展路径，投入更多的耐心和更强有力的支持，才有机会在后续的竞争中不被甩开太远。另一方面，生物医药产业已成为全国多个区域的支柱性产业和新兴产业，各区域对生物医药产业的支持力度不断加码。除了出台产业政策、给予资金支持外，还在市场采购、准入等环节对本土企业与产品予以帮扶，帮助辖区内企业快速做优做强，但也因此致使大湾区的医药企业安于现状，不思进取，在市场竞争中处于较劣势地位。

生物医药企业创新时往往面对的不仅是资金压力，还需要有政策、市场环境等全方位保障和支持。例如，企业开展 IIT（研究者发起的临床研究）临床试验时，常碰到临床研究机构不召开伦理会，或出于避免临床风险责任而不敢尝试的问题，体现的是政策对创新药械临床研究保障机制上的缺失，以及大湾区在临床试验整体研究能力、项目管理水平等方面的欠缺。

二、医疗资源潜力待激发

医生与医疗机构是临床需求的提出者、医药创新的参与者，是临床试验执行者，更是医药产品的使用者。随着早期通过药械审评审批制度改革、科学家回国创业等所积累的跟随式创新红利已基本释放完，我国医药创新迈入新阶段，"从 0 到 1"的创新将获得更多支持。因此，医疗机构的临床研究水平及其与产业的适配度已经成为产业竞争的一个关键因素。整体来看，广东省的医疗机构数量、诊疗人次都居全国前列；香港拥有 43 家公立医院和 13 家私立医院，其医疗水平达到国际一流①；澳门拥有3家较大的综合医院，目前正在与北京协和医院合作共建离岛医疗综合体。但从生物医药产业发展的角度看，大湾区医疗资源与生物医药产业的融合仍然存在多种挑战。

（一）优质医疗资源分布不均

从分布区域看，大湾区的优质医疗资源主要集中于广州、深圳与香港。在2022年度中国医院综合排行榜中，广东地区有12家医院上榜，其中广州10家，深圳2家。而在大湾区内部排行中，香港与广州垄断了排名前二十的医院②。广州作为十大国家中心城市之一，依托中山大学、南方医科大学、广州医科大学等高校医学资源，坐拥中山大学附属第一医院、南方医科大学南方医院、广东省人民医院等超大综合性医院，同时还拥有丰富且实力强劲的专科医院③；香港依托其国际化的环境以及丰富的高校、人才资源，医院水平在湾区排名都相对靠前。生物医药产业的创新发展与临床研究密不可分，医疗资源分布的不均衡必然导致大湾区内各地在生物医药产业布局上的差异。

（二）药品临床试验挑战多

在2023年登记的药物临床试验中，广东省的临床试验机构作为组长单位参加临床试验次数仅占全国的8.4%（按登记号计），占比较2022年下滑1.6%，相较于北京市与上海市26.3%、17.0%的份额有显著差距。近年来，广东省内的临床试验机构在开展临床试验上面临一些显著问题。

1. 优势学科学术带头人资源不足

医药企业在选择创新药械临床试验机构时通常会优先考虑相关学科的学术带头人（PI）所在的医疗机构。PI有丰富的临床经验，对

---

① 世界卫生组织公布的报告《World Health Report》，中国香港排名全球第四。
② 数据来源：广州艾力彼2022届粤港澳大湾区最佳医院100强。
③ 根据复旦版《2022年度中国医院专科声誉排行榜》全国专科综合排行榜，广东共有38个专科上榜全国前十，广州医科大学附属第一医院的呼吸科、中山大学中山眼科中心眼科连续14年占据专科排行榜榜首。

产品在临床试验中出现的问题能提出较有针对性的建议；同时在患者临床招募上能较快响应并完成入组，招募后的患者依从性也较好，不容易脱靶。因此选择合适的 PI 对临床试验的开展事半功倍。企业邀请 PI 担任主要研究者并带领开展多中心的临床试验，也为后续试验结束产品成功获批上市奠定学术推广的基础。而广东省在医学、药学各细分专业领域具有全国或世界影响力的 PI 较少，香港拥有的 PI 资源未能与粤澳充分打通，对大湾区开展高质量的临床试验造成一定影响。

2. 医院和医生参与临床试验动力不足

非研究型医院，日常主要是向患者提供诊疗服务，医生的主要职责是治病救人。目前卫健部门对医疗机构的考核主要集中于诊疗技术和服务水平上，与医疗机构收入密切相关的医保支付则主要集中在按病组（DRGs）和病种分值（DIP）的分组方案上。而开展临床试验，对于医院而言要增加额外的空间、时间、人力等资源投入，同时要面临各类安全风险、合规压力等；对于医生而言，不仅需要付出一系列额外的劳动，缺乏相应的考核奖励机制，还会面临因临床风险带来的医患矛盾。目前，国内开展创新药械临床试验研究的医疗机构以大型三甲医院为主，医生平常就已超负荷工作，难以腾出更多的时间和精力参与到临床研究中。在各种因素制约下，无论是综合性医院还是专科医院，医院与医生参与临床试验的积极性都不高。为了提升临床医生的参与度，深圳市把参与临床试验纳入医院的考核机制中；中山大学肿瘤防治中心也给予了参与临床试验的医生更高的奖励系数。这些举措虽然对促进医院和医生参与临床试验有一定激励的作用，但并未从根本上系统性地解决问题。

3. 医院之间缺乏协调机制

我国把临床试验机构资格认定改为备案管理后，广东省内临床试验机构数量快速增长，临床试验机构之间的竞争也进一步加剧。头部医疗机构临床试验项目资源较为丰富，其他机构则不得不面对同质化低价竞争。但各个临床试验机构之间的联系较为松散，缺乏统一的协调机制，从而一定程度上造成了临床试验资源的浪费，同时也对项目开展的效率产生影响。广州市虽然已于2024年3月出台《广州研究型医院联盟建设工作方案》，但实施效果尚待时间检验。

(三) 医工转化尚处于探索期

2021年6月，国务院办公厅发布《关于推动公立医院高质量发展的意见》，提出"公立医院必须走出一味追求病床扩张、诊疗规模扩张的老路，驶入依靠科研产出、成果转化的高质量发展轨道"。政策的出台正式开启了鼓励医工转化的历程。诊疗过程中，医生是最了解临床需求的人，从临床角度出发提出问题，甚至和企业一起解决问题，是最快速、有效解决生物医药产业创新的路径之一。然而，当前大湾区在这一领域仍处于探索阶段，面临多重挑战，有待相关监管部门出台政策，廓清医工转化思路，协调各方共同制定实施方案，理顺各项体制机制。

1. 公立医院的管理机制与产业化需求之间存在明显的不匹配问题

在现有的管理机制下，科技成果的定价与收益权归属不明确，这在一定程度上限制了医疗机构和临床研究人员在药械研发中的积极性和参与度。同时，研究成果转化形成的新产品上市后的合规性问题也亟待解决，需要相关部门出台明确的政策法规及监管细则来指导和规范。2022年11月，上海市科学技术委员会、市卫生健康委员会等八部门联合印发《上海市促进医疗卫生机构科技成果转化操作细则（试行）》，在医工转化制度突破上走在全国前列，较好地指导了上海市医疗卫生行业高效合规开展科技成果转化，释放相关卫生技术人员的创新活力，值得大湾区借鉴学习。

2. 医生的产业转化意识和能力存在明显的不足

在现有的考核机制下，医生需要承担临床、教学、科研等多重任务，以致用于创新发明与产业转化的时间和精力有限。此外，医生对医学创新成果转化的系统性认知不足，缺乏对市场、工程实现、商业价值等方面的深入了解，使得许多创新发明仅停留在想法阶段，难以进一步推进。

3. 大湾区缺乏专业的医学成果转化平台

医学创新转化链条漫长且复杂，需要资源对接、知识产权、产品验证、注册审批、商业合作等多方面的支持。然而，目前大湾区的医疗机构大多没有专门的产业转化部门，仅依靠少数行政人员负责成果转化管理，难以满足实际需求。这导致许多具有潜力的医学创新成果无法得到有效的转化和推广。部分头部医疗机构设置了成果转化中心，但目前主要工作是医学转化培训、产业资源对接等，面临着定位模糊、资源调动能力有限、运营模式不明确等问题。

三、产业生态体系欠健全

生物医药涉及多个学科，各个环节紧密相扣，产业链长且专业度高，是目前产业链复杂度最高的产业之一，良性的产业生态体系建设是其持续发展的重要保障。产业生态体系不完善、衔接不紧密是大湾区生物医药产业发展面临的重大挑战。

（一）基础平台和服务平台待加强

大湾区生物医药产业传统优势资源主要集中于终端流通与成熟产品的生产制造上，上游创新研发配套资源正处于布局投入阶段。虽然大湾区已有广州实验室、国家高性能医疗器械创新中心、国家生物制造产业创新中心、中国科学院深圳先进院、深圳医学科学院等重大平台，重点解决药械创新"0到1"的问题；且已遴选建设50家高水平医院，覆盖21个地市；建有五大国际医学中心，6个国家级、90个省级医学类重点实验室，3个国家级、24个省级临床医学研究中心，6家P3、4220家P1及P2生物安全实验室[49]，临床研究能力获得较大提升，但还是缺乏以高生物安全等级实验室、人类遗传物质资源库为代表的创新支撑型平台，这些平台是生命科学研究和生物医药创新中不可或缺的一部分，亟待完善。

在成果转化阶段，大湾区同样缺乏合同研发机构（CRO）、合同生产机构（CDMO）、药物临床研究机构（GLP）、药物发现平台、动物试验平台、检验计量平台、小试中试平台等服务性平台，大湾区企业不得不选择将动物试验、检验检测、委托生产等环节送到其他区域开展。以合同研发机构与合同生产机构为例，CRO可以为创新药研发缩短高达35%的时间，降低40%的研发成本。但是全国CRO前十强中，并没有大湾区企业。而CDMO在帮助生物科技公司减少重资产投入、专注研发上发挥着不可替代的作用，但是大湾区CDMO机构较少，获得美国及欧盟认证的生产管线更少，以致于大湾区内的创新药企业不得不到广东省外的区域寻找更合适的生产企业。目前，各类服务性平台市场竞争激烈，大湾区部分城市曾大力引进过产业服务平台，但是由于大湾区业务规模较小，企业经营难度较大，最终选择离开。

(二) 缺乏信息沟通平台及机制

随着大湾区生物医药产业链的不断完善，企业研发生产上的大部分需求已经能够在大湾区内部进行解决，但是由于缺乏信息发布及交流平台，信息的不对称导致企业碰到问题时更多地向大湾区外寻求解决方案，既影响效率，还增加成本投入。深圳、广州等地正逐步探索企业与高校共用试验设备，但是在具体试验设备的申请与管理上还需要进一步摸索完善。

(三) 部分产业园特色不够突出

不同领域对产业链上下游配套需求存在一定差异。良性的生物医药产业生态是大企业周围聚集中小型创新企业，下游生产企业周围聚集上下游元器件、零配件企业，同一领域企业周围配置服务性平台，城市根据不同的资源禀赋建立不同的产业类型，最终形成区域整体的产业协同。但大湾区头部生物医药企业存在"孤岛化"发展特征，产业园区内的企业联动较少。即使园区已确立清晰的定位，但在实际发展过程中，仍旧出现了"胡子眉毛一把抓"的情况，同一园区内不同领域的企业共存，难以形成有效且有竞争力的产业集群效应。

四、"四链"融合存堵点

创新链、产业链、资金链、人才链的深度融合是推动生物医药产业创新，打造良好产业发展环境的重要举措。本质是将人才、资金、企业、科研单位等要素资源进行重新匹配、组合，从而畅通从基础研究—应用技术转化—产业化开发—商业化转化，根本导向是市场需求。大湾区明显存在人才资源不足、产投管理不适配、链条协同不深等问题。

（一）对人才吸引力不够

生物医药作为知识密集型产业，从产品研发、生产到销售的全生命周期，产业链上中下游都离不开高学历人才的共同参与。有数据统计显示，2024年1—8月，医药制造业活跃人才本科以上学历占八成，其中硕士人才占比23.5%，同比增长9.9%[①]。虽然2023年粤港澳大湾区常住人口增加超44万，5.6万平方千米的土地，8600万人口[50]，相较于其他区域，人口结构呈现年轻化，具有较强的人口红利，但是聚焦到生物医药产业发展领域，大湾区的优势并不明显。数据显示，2024年1—8月，上海、北京、广州、成都、苏州等城市医药制造行业活跃人才储备依次居全国前五，占比分别为16.48%、9.60%、4.58%、4.47%、4.26%；在吸引海外人才回流上，大湾区内地九市仅广州和深圳进入前十，分别居第五和第八位，占比分别为4.35%和3.19%，与第一位的上海（占比23.99%）、第二位的北京（占比10.80%）相距甚远，甚至与第三位的苏州（占比5.72%）和第四位的成都（占比5.65%）都有一定差距。

一方面，广东省内生性生物医药专业人才不足。广东省虽然是中国人口第一大省，但是教育资源与人口规模并不匹配，高校资源的缺乏导致本土培育的人才数量较少，尤其是缺乏顶尖人才团队。广东省

---

① 数据来源：《2024医药制造行业人才趋势报告》，猎聘大数据。

内主要的高校资源集中于广州，进一步加剧了区域内人才的竞争。随着生物创新发展的加快，对生物制品、生物前沿技术、合成生物学、高端医疗器械等领域人才需求愈发旺盛，高端人才缺口加大。广东省已意识到人才紧缺的问题，近年来积极推动港澳高校来粤办学。北京师范大学－香港浸会大学联合国际学院、香港中文大学（深圳）、香港科技大学（广州）、香港大学（深圳）、香港城市大学（东莞）、香港都会大学（肇庆）、澳门科技大学珠海校区、澳门城市大学（广州）、澳门科技大学（中山）等纷纷落户内地九市，相信这些高校将有助于缓解大湾区的人才紧缺问题，但是高端人才的本土培育与引进融合还需要较长一段时间的积累。

另一方面，对产业成熟技术人员重视程度不足。产业的发展除了科研人才外，同样需要工程师、操作员等产业技术成熟人才。在医疗器械领域，一个经验丰富的产品总监和工程师可以带领团队不断取得成功。而在药品研发生产领域，成熟的生产人员代表着稳定的质量体系，尤其在细胞与基因治疗等领域。培养一个成熟的操作人员保证每一步按流程规范进行，是保证产品安全、有效的关键。大湾区各地出台产业政策时都会配套人才招引激励政策，但是往往人才政策适用对象是顶尖科研人才与企业家，对掌握专业技能的成熟产业人员缺乏相应的奖补或关注，因此，有待建立一套体系化的生物医药专业技术人才政策，帮助企业更好地招人、用人、留才。

（二）金融助力有待挖潜

生物医药创新存在周期长、投入大、风险高等特点，产品上市前，对资本支持的需求度极高。随着企业 IPO 的收紧以及市场预期不明朗等综合原因，生物医药产业投融资市场整体进入"寒冬潮"。2023 年，全国生物医药领域共发生了 895 起投融资事件，累计金额超过 739.68 亿元，距巅峰期已经跌去一半。其中广东省 163 起，居第三，仅为上海市的一半。香港作为三大国际金融中心之一，也是亚洲最大的生物科技融资市场，本应是大湾区生物医药产业发展的一大核心主体，但是目前港股面对着流动性羸弱的问题，并未真正发挥其应有的作用。

在 IPO 收紧、民营资本投资创新药意愿下降的情况下，各地方政府主导的产业基金成为创新企业融资的重要渠道。广州于 2023 年设立 1500 亿产业母基金、500 亿创投母基金及 50 亿广州科技创新母基金，为加快孵化创新型生物医药产业提供了良好的资金支撑。由政府资金牵头"投早投小投硬科技"，引导社会资本共同参与，并设立较宽松的容错机制，将成为未来一段时间内，生物医药产业基金的投资基本旋律。2024 年 6 月，国务院办公厅发布《促进创业投资高质量发展的若干政策措施》（以下简称《措施》），其中在（三）（四）条分别提出，"优化政府出资的创业投资基金管理，改革完善基金考核、容错免责机制，健全绩效评价制度""健全符合创业投资行业特点和发展规律的国资创业投资管理体制和尽职合规责任豁免机制，探索对国资创业投资机构按照整个基金生命周期进行考核"。研究发现，现有产投基金在考核机制、风控机制以及退出机制等方面与生物医药产业并不完全适配，特别是以单一项目成败为考核标准，并不符合产业发展规律，不能完全发挥其扶持创新的公共属性。

此外，目前国内主流基金对生物医药的投资逻辑依然是对标国际先进产品，青睐于国际产品的国内首次获批产品，对国内产业创新的信任度不够，在一定程度上影响产业创新资源的投入方向。

（三）创新链与产业链目标错位

科学研究与产业转化之间天然存在"魔鬼之河""死亡之谷""达尔文之海"等挑战，在完全以科研单位为主导的创新体系中，科研创新的出题人、答题人、审评人都是科学人员，而科研人员在研究目标上就是以获得科学突破为核心，最终产出的结果往往停留在论文发表或者专利申请上；但是产业化的目标是以市场需求为导向，需要充分考虑成本与收益、先进性与可行性等综合因素。这最终导致产业链与创新链的融合度下降。目前，大湾区科研创新项目主要面向高校、医院及科研机构，政府相关的科研经费也主要流向上述单位，企业在课题活动中获得的资金支持较少，削弱了企业共同参与创新的动力。

五、粤港澳软联通需加强

虽然粤港澳大湾区综合竞争力全国领先，三地发展各具特色，内地九市拥有超大规模市场，有一定的产业基础，粤港澳在生物医药产业发展上资源要素互补性强，协同发展潜力较大，但总体上，大湾区并未充分发挥"一国两制"的优势创造宽松的创新环境和比长三角更活跃的创新沃土，吸引世界知名的生物医药企业集聚发展。大湾区在国内市场对外商投资和企业落户的吸引力远不如长三角，在国际市场上则面临与新加坡的竞争。目前三地的产业融合主要还是由高位推动，建立了主要的衔接机制，在"产学研医用"等方面的联动有待进一步加强。

（一）港澳本土医药制造业底子薄

受限于市场规模、土地资源、发展规划等因素，港澳两地本土的生物医药企业规模都相对较小、产业化能力整体不高，且一直以来港澳两地都以服务业为主，制造业相对落后。大部分企业均属于"家族式"，对港澳本土制造有着强烈的需求，抑制了向外发展的动力。

（二）港澳地区生物医药创新产业动力不强

香港与澳门拥有丰富的高校资源，香港拥有5家世界排名前五的大学，香港大学和香港中文大学在医学领域成功跻身全球前40名，同时，香港的16所国家重点实验室中有8所属于医疗领域。澳门同样拥有远超其内地人口比例的高校资源，澳门大学、澳门科技大学、澳门理工大学都已开设生物医学相关专业。在生物医药领域，港澳地区在基础研究和原始创新领域优势同样非常明显。但是受当地医药生产制造业规模小以及缺乏第一层审批的影响，港澳地区在生物医药领域的研究成果都相对早期，距离最终形成产业成果还有相当大的距离。

（三）三地规则机制协同难度大

粤港澳大湾区面临着两种制度、三个关税区、三个法域、三套行政系统的局面，两岸三地在法律体系、司法体系等方面存在显著差异，这种差异是全方面的、多层次的，从审评审批、金融服务，到人员资格认证、科研资金管理、文书标准等都可能成为三地产业联动在不同环节的堵点。这些差异点需要各方在产业融合过程中发现和解决。例如在中药材农残规定上，国内的药典仅9种，香港要求检查21种，基于药典禁限用的已达33种，这些差异将对中药"走出去"产生影响。又例如，在科研用特殊物品通关方面，通过广州黄埔和深圳河套"白名单"的试点探索，已出台相关政策，但目前更多的是侧重在进口物品上，要实现三地科研方面真正的互联、互通还有待更开放的机制创新和探索。类似这些细节问题在全面协同过程中不胜枚举，有待逐一击破。

第二节　发展机遇

一、生物医药创新发展

（一）我国生物医药创新量质齐升

自2016年我国实施药品审评审批制度改革以来，我国创新药的政策、市场环境持续优化，创新药迎来良好的发展机遇，新药申报和获批数量呈"井喷式"增长，2018—2024年上半年共计有177个1类创新药上市。截至2024年1月，中国在研药物管线6098个，居全球第二位，占全球研发线的26.7%，与首位美国的差距不断缩小（表3-1）。

表3-1 主要国家药物研发管线对比

国家	在研药物数量（个）			在全球研发线中的占比		
	2022年	2023年	2024年	2022年	2023年	2024年
美国	10736	10876	11200	53.4%	51.1%	49.1%
中国	4189	5033	6098	20.8%	23.6%	26.7%
英国	2887	3048	3233	14.4%	14.3%	14.2%
韩国	2627	2917	3156	13.1%	13.7%	13.8%
德国	2299	2349	2479	11.4%	11.0%	10.9%

数据来源：Pharmaprojects。

2024年进入全球药物管线排名前25的4家国内制药企业分别是恒瑞、中国生物、复星与石药。其中，中国生物、复星与恒瑞分别以71.7%、40.6%和38.7%的同比增长率居排名前25企业管线增幅前三名。国内药企不仅在管线数量上增长迅猛，研发质量也不断提升。据不完全统计，由中国本土药企发起的Ⅲ期头对头临床试验，2020年仅有2项，2021年、2022年分别增长至7项、8项，2023年仅上半年就有8项。

越来越多的国内企业敢于推进头对头试验，这既是国内创新药实力和信心增长的体现，也是中国创新药积极融入国际市场的必经之路。2024年3月，百济神州继泽布替尼后，替雷利珠单抗也获得FDA批准上市。至此，已有7款国产创新药成功闯关FDA。此外，2023年小分子药物、抗体药物、细胞和基因疗法等40多款中国新药获美国FDA资格认定，总数量创近4年来新高。在产品出海的驱动下，2023年国内共发生了近70笔跨境license-out交易，交易总金额超350亿美元。2024年上半年交易热度不减，32笔的交易数量涉及金额超200亿美元，中国创新药的含金量持续上升。

（二）待挖潜的细分领域多

在研发赛道上，目前热门的一些领域，如 GLP-1、PD-1+

ADC、mRNA疫苗、基因编辑、核药以及高端制剂等，广东省内都有企业布局，并有部分表现优异且技术全国领先的代表性企业。

1. GLP-1

韩宇药业是目前GLP-1里最火的司美格鲁肽原料药供应商，其司美格鲁肽原料药已获得美国FDA的DMF备案号，自研的司美格鲁肽注射液是首个在肥胖适应症上进入Ⅲ期临床的国产产品。同样在GLP-1有布局的还有丽珠集团、众生睿创等企业。丽珠集团于2024年6月提交了司美格鲁肽生物类似药的上市申请；众生睿创则有一款完全自研的一类创新多肽药物RAY1225注射液，用于超重/肥胖与2型糖尿病患者的两项Ⅱ期临床试验正在开展中，该注射液属于长效GLP-1类药物，具有GLP-1受体和GIP受体双重活性。众生睿创本就重点布局非酒精性脂肪性肝炎（NASH）领域，而GLP-1与肝脏细胞受体结合后能降低肝脏脂肪变性等而拓展GLP-1类药物在治疗NASH中的应用，因此开发RAY1225注射液在减重和2型糖尿病适应症的应用是顺其自然的事情。

2. mRNA疫苗

被新冠和诺奖带火的mRNA疫苗在广东省内也有所突破。由原复星医药执行总裁回爱民博士创立的惠正奇控股有限公司在广州黄埔建设mRNA创新药物研发总部，自主研发肿瘤及免疫领域的创新药（包括传染病疫苗），并搭建mRNA等高端技术平台。而mRNA疫苗的上游，一种受专利保护的"卡脖子"加帽原料也将在广州科学城实现产业化。

3. 细胞和基因治疗

2024年3月，国家发展改革委、商务部、市场监管总局发布的《关于支持广州南沙放宽市场准入与加强监管体制改革的意见》（发改体改〔2023〕1786号）中提到"准许细胞和基因治疗企业经卫生健康部门备案后可依托医疗机构开展限制类细胞移植治疗技术临床应用，允许符合条件的港澳企业利用境内人类遗传资源开展人体干细胞、基因诊断与治疗之外的医学研究"，无疑对粤港澳大湾区细胞和基因治疗（CGT）的发展是一剂强心针，但如何利用好这项政策，还有待相关监管部门进一步出台实施细则。目前，广东省内有多家CGT的代表性企业，既有布局全球的平台型企业，也有小而美的创新型企业。

例如位于广州经开区的派真生物，深耕基因治疗领域服务平台逾十载，始终坚持做CRO和CTDMO，已成为国内AAV细分领域龙头企业，除了广州的总部外，已在美国休斯敦建立了工厂。随着近年来CGT的快速发展，该企业迅速壮大，目前全球员工超300人。同为平台型企业提供一站式CDMO整体解决方案的全球化企业——宜明生物，虽然2024年才落户广州南沙，但广州是其布局大湾区的重要落子，看重的是南沙要发力细胞治疗的方向一致性，以及毗邻港澳的优越地理位置。

截至2024年6月，全球共有62款细胞与基因治疗产品获批上市，其中细胞治疗26款，基因治疗36款。国内企业获批的细胞治疗产品4款，基因治疗产品1款。从治疗领域看，罕见病（30款）和肿瘤（21款）产品是最主要的两类。大湾区内有不少由研究者创立的企业正发力CGT领域。

神曦生物是其中的佼佼者。由暨南大学粤港澳神经再生研究院陈功教授创办。其自主研发的AAV–NeuroD1基因治疗产品NXL–004已经获得了FDA的孤儿药资格认定，在国内正在开展IIT研究，以AAV为载体把经过编辑的一段基因片段注射到脑内，将脑组织里的胶质瘤细胞转化为神经元，是脑胶质瘤的一种全新基因疗法，不仅能消除患者的胶质瘤，还能将其转化为神经元，减轻手术对脑神经元的损伤。基于原位神经再生技术平台，其潜在的适应症开发潜力巨大，胶质瘤只是其中之一，未来脑中风、老年痴呆症、帕金森病、亨廷顿舞蹈症、渐冻症、脑损伤、脊髓损伤等都在考虑开发的范围内。同在脑神经科学上有研究的还有香港中文大学生命科学学院生物化学系的陈浩然教授，通过建立罕见神经元疾病的洲际研究合作网络，在肌萎缩侧索硬化症/额颞叶痴呆症、强直性肌营养不良和脊髓小脑共济失调等方面开展研究。

在细胞治疗细分领域，位于广州经开区的优诺生物和中山国家健康基地的艾一生命科技则是两家同以临床研究为基础但采用不同技术路线的代表企业。优诺生物的 LANEX – DC® 是国际领先树突状细胞（DC）肿瘤治疗药品，目前已进入临床研究阶段；艾一则以干细胞及外泌体转化应用为核心，面向自身免疫性、衰老性、难治性疾病研究领域，进行治疗皮肤疾病、关节和自身免疫疾病的干细胞相关产品研发。

4. 高端制剂

1 类新药开发难度大、风险高、时间长，而仿制药大多竞争非常激烈；2 类的改良型新药正好比较符合我国目前制药企业转型升级的需求，吸引众多国内企业入局。总部位于广州的越洋医药正是国内改良型新药的代表性企业，由国家级特聘专家（创业类）闻晓光博士创办。成立多年来，越洋医药持续在缓控释技术领域深耕细作，构建起 U – trol®、Mech – trol® 和 Bi – lock® 等多个特色技术平台，并利用这些平台技术开发适应美国［NDA/505（b）（2）］、中国（化药 2 类）及全球市场的新药。2020 年，其自主研发的左乙拉西坦缓释片获得 FDA 批准上市。此外，越洋在高血压、抑郁症、糖尿病等多个适应症领域布局了多条研发管线。越洋在广州的总部主要肩负研发和中试的任务，生产主要依靠泰州的子公司，以及委托省外的 CDMO 企业进行。

二、国产替代持续推进

2021 年，财政部及工信部联合发布《政府采购进口产品审核指导标准》（2021 年版），明确规定了政府机构（事业单位）采购国产医疗器械及仪器的比例要求；范围覆盖监护仪、影像设备、体外诊断、高值耗材等多个品类，其中 137 种医疗器械要求 100% 采购国产、12 种医疗器械要求 75% 采购国产、24 种医疗器械要求 50% 采购国产、5 种医疗器械要求 25% 采购国产。这推动医疗器械外资企业纷纷在华建厂。例如，GE 医疗分别在上海（造影剂）、天津（核磁振）、北京（CT）、无锡（超声、麻醉、心电、临床护理设备）建有四大生产基地；西门子医疗在上海、无锡、深圳分别设立三个生产基地；飞利浦医疗在苏州（精准诊断与介入治疗系统）、深圳（健康生活和互联关护产品）、上海（软件开发）分别建立了三个创新中心[51]。外资企业的本土化已从单纯的生产转向研发、生产、供应链等多领域并行，多层次、全方位地国产化。

在国产医疗器械方面，通过审评、审批制度改革鼓励国产医疗器械加快创新，做大做强；通过医用耗材集中采购、"腾笼换鸟"，提高保障水平的同时，为创新器械让出拓展的空间。党的二十届三中全会提出，推动高端装备产业发展，打造自主可控的医疗装备产业链。广东省人民政府出台的"生物医药38条"明确第二类医疗器械注册技术审评时限比法定时限平均压缩50%，首次注册审评时限由60个工作日压缩至40个工作日；并提到支持医疗器械国产替代，支持医用机器人、新型生物材料、数字疗法等创新业态的研发注册。广东省在医疗器械国产替代解决"卡脖子"问题上已斩获颇丰，充分利用现有的产业基础，发挥链主企业的引领作用，加强"医工融合""产研融合"，进一步解决医疗器械零部件元器件国产替代问题，确保供应链安全，推动全产业创新发展。

三、借船出海探寻新机

2019—2023年全球医药市场规模以2.7%的年复合增长率从13245亿美元上升至14723亿美元，预计到2026年、2030年将分别达到17667亿美元和20694亿美元。其中，2023年，美国医药市场规模4583亿美元，占全球的比重为31.1%，居首位；法国、德国、意大利、西班牙和英国组成的五国（EU5）市场规模为1845亿美元，占全球的比重为12.5%；我国的市场规模为2315亿美元，居第二位①。自从我国加入ICH、PIC/S等国际规则制定组织后，我国生物医药创新能力与全球资源整合能力不断提升，越来越多的国内企业正

---

① 数据来源：沙利文《2024中国生物医药出海现状与趋势蓝皮书》。

融入全球生物医药产业链与创新链中。发达国家市场和"一带一路"新兴国家市场都将为国内生物医药企业带来更广阔的市场发展空间和更高的收益水平。

根据海关数据，2023年我国医药外贸全年出口额同比下降20.7%，主要受两方面影响：一是全球防疫物资需求骤减，导致口罩出口额下降73.3%、人用疫苗下降79.6%、新冠诊断试剂下降84.9%、防护服下降33.4%；二是占医药出口总额40%的原料药虽然出口量同比增加5.4%，但整体平均单价下降24.7%，导致原料药出口额下降20.6%。整体来看，下降幅度呈逐渐减缓趋势[52]。2023年出口额前三位地区分别是"一带一路"、RCEP和欧盟，出口金额分别为381.6亿美元、232.6亿美元和207.5亿美元，均是以西药类产品为主①。另一侧，我国创新药license-out的交易金额却屡创新高。我国的生物医药出海已从单纯的原料药到仿制药的海外销售，扩展到创新药授权的全球商业化。

广东省内的生物医药企业也不乏"出海"的佼佼者。例如在2014年成功取得首个美国首仿药普拉格雷的东阳光，于2022年再次凭芬戈莫德胶囊在美国顺利上市销售，使其成为首家在美国本土成功挑战原创药专利的中国企业。另一家生物类似药企业——百奥泰生物，也同样实现了两款生物类似药在中美同步上市。康方的依沃西单抗创下当年创新药license-out交易金额的最高纪录。成立于1985年的科兴生物更是出海的先行者，拥有超过20年的海外商业化经验，销售网络遍布全球40多个国家，尤其在新兴市场优势明显。科兴生物正利用自己多年以来在海外市场积累的丰富经验和海外商业网络，与国内多家生物医药企业开展国际化商业合作，帮助这些企业的产品出海。

在医疗器械板块，广东省内多家上市的龙头企业都在积极拓展海外业务，海外市场也成为检验这些企业产品质量的炼金石。作为海外开拓的先锋——迈瑞，2024年的半年报显示，收入占比40%的海外

---

① 数据来源：《2023年医药出口下降趋缓》，《医药经济报》总第4564期。

市场，亚太区增长30%、欧洲区增长38%、拉美增长9%、北美增长1%，其他国家增长15%。分产品线看，国际体外诊断业务上半年增长超过了30%[53]。另一家专注于IVD企业——新产业，2024年上半年，国内主营业务收入同比增长16.3%，其中国内试剂类业务收入同比增长18.5%；海外主营业务收入同比增长22.8%，其中海外试剂业务收入同比增长29.1%。海外业务的增速明显高于国内业务。作为POCT龙头的万孚生物，2024年海外收入占比提升至36%，化学发光产品进入20多个国家市场，美国子公司实现呼吸道检测全域渗透。还有业务遍布六大洲100多个国家或地区的华大智造，已在全球范围内设置超10个客户体验中心，营销团队达887人，其中海外员工占比达41.04%。众多致力于布局全球化的大湾区医疗器械企业，均以国内市场为发展基石，持续向高端化和全球化迈进。

在助力企业"出海"方面，大湾区拥有得天独厚的地理位置优势，这一区域交通便利，海陆空交通网络发达，便于生物医药企业与国际市场进行快速、高效的联系和沟通。而香港、澳门作为国际金融中心和国际贸易中心，拥有丰富的国际资源和合作机会。这些平台为生物医药企业提供了与国际市场接轨的便利条件。而大湾区内地九市的生物医药产业已具有较完整的产业链，并已形成一定的产业集群，在生产要素和政策支持上能提供良好的营商环境。这也是百济神州、恒瑞、复星、绿叶等国内大型生物制药企业先后选择落户大湾区的主要原因。

第四章

建议与展望

第一节　发展建议

粤港澳大湾区是国内连通世界的"桥头堡"，经贸合作的先行区，科技创新的沃土。围绕"融合""创新"两大关键词，进一步推动粤港澳三地在数据、技术、金融、政策等全方位协同发展，为未来"十五五"交出一份满意的答卷做好充分准备。

一、加快推动数据跨境治理

（一）完善数据跨境机制

生物医药企业在产品全生命周期管理过程中离不开对各项科研、临床、应用等数据的支持。《粤港澳大湾区发展规划纲要》明确提出要建设智慧城市群，推动大数据、云计算、物联网广泛应用，加强粤港澳网络空间互联互通和数据交换共享。2024年2月，国务院办公厅印发《扎实推进高水平对外开放更大力度吸引和利用外资行动方案》（国办发〔2024〕9号），再次提到"制定粤港澳大湾区跨境数据转移标准，依托横琴粤澳深度合作区、前海深港现代服务业合作区等重大合作平台，建立港澳企业数据跨境流动机制，探索建立跨境数据流动'白名单'制度，稳步推动实现粤港澳大湾区内数据便捷流动"。2024年6月，广东省政府印发《关于构建数据基础制度推进数据要素市场高质量发展的实施意见》，明确表示要构筑粤港澳大湾区数据协同发展新范式；支持在科技、医疗等领域探索建立科学规范认证制度、数据出境标准合同规则、安全评估标准等；支持深圳等地建设粤港澳大湾区大数据中心；探索在横琴、前海、南沙、河套等重大平台，打造数据要素市场"湾区模式"；推动"国际数据传输枢纽"粤港澳大湾区广州南沙节点建设，支持河套深港科技创新合作区建设国际数据专用通道；支持广州建设国际信息枢纽。2024年11月，香港特别行政区正式推出了《粤港澳大湾区（内地、香港）个人信息跨境流动标准合同》中的便利措施，并扩展至所有行业。中央及地方政府出台的这些政策法规在顶层设计上给予了大湾区内数据流通、共享以法律保护；具体到生物医药，还需有贴合产业发展实际的实施细则出台；同时，在法律法规层面还需有进一步的突破和保障。

"一国两制"的框架下，大湾区内的数据流动属于一国以内，应最大限度发挥数据赋能的作用，促使香港和澳门融入国家发展大局。可基于国家网信办发布的《促进和规范数据跨境流动规定》尽快制定粤港澳大湾区的数据跨境流动规定，规范在大湾区范围内的安全评估、保护认证、标准合同等流动路径方式，将目前生效执行的《标准合同指引》纳入其中，扩大大湾区内流动数据的豁免范围。同时，三地协同抓紧制定重要数据目录；积极推动香港《私隐条例》第三十三条"禁止除在指明情况外将个人资料移转至香港以外地方"生效实施，使数据从大湾区内地九市流动到香港后能够得到有效保护[54]。

（二）建立数据研究平台

医药科研用物资和数据，研究用患者生物样本及其数据，患者病历等数据跨境目前主要受《中华人民共和国生物安全法》《中华人民共和国人类遗传资源管理条例》等国家相关法律法规制约。借鉴广州已出台的《广州开发区广州市黄埔区生物医药研发用物品进口"白名单"试点工作方案》，粤港澳三地协商选定特定区域建立大湾区药械临床研究中心数据平台、大湾区药械真实世界数据研究平台、大湾区生物医药创新成果转化中心平台等，通过"白名单"的方式，制定数据类型清单及研究机构名单,允许名单内的研究机构在开展药械研究的过程中在数据平台上使用或发布相关数据信息,并建立使用留痕管理及保密管理工作机制。这些数据平台的建设既可充分撬动大湾区内沉淀的各临床研究机构资源,又能增强大湾区对药械企业,特别是对外资企业的吸引力;同时可探索不同体制下数据流动可能存在的问题,为进一步完善数据跨境治理积累经验。

二、借前沿技术提振创新力

(一)"IT+BT"是大湾区生物医药协同创新的独特优势

生物医药行业具有高度政策和技术导向,协同创新存在一定的技术壁垒,生物医药产业的创新发展需要数据和先进的信息技术手段作为支撑。大湾区有强大的信息技术基础,可助力生物医药产业快速发展。IT(IT技术)和BT(生物技术)的深度融合,将为大湾区加快构建现代产业体系注入巨大能量。大湾区在大数据、人工智能、基因技术方面具有良好的发展基础。信息技术产业和生物医药产业同为大湾区战略性新兴产业的重点领域。大湾区在信息技术产业领域有一批世界级的领军企业,产业链配套完善。大湾区生物医药企业类型多样,拥有广州实验室、鹏城实验室、深圳湾实验室、国创中心、合成生物研究机构等重大科技基础设施,在推进"IT+BT"有机融合方面具有较大的发展空间。

目前,大湾区"人工智能+生物医药"能够实现在生物医药产业自上游到下游的投入使用,并且部分应用场景已经能够为企业带来实际收益。以新药开发为例,在研究调研阶段,"人工智能+生物医药"可以通过对来自文献等的信息进行自动化的文本分析,抽取和药物研发相关的关键信息,以辅助研发人员在研究和产业化中进行决策参考。在药物开发阶段,通过对生物医药试验和临床大数据的智能分析缩短发掘新治疗靶点、新药用分子的周期,降低药物研发成本。在临床验证阶段,通过人工智能对临床试验数据的智能化分析,更好地了解新药对于不同患者的治疗效应。随着互联网与云端运算技术的广泛普及与不断精进，人工智能与大数据的应用将有助于提升医药创新研发。华为的盘古大模型在药物研发、临床试验、基因检测、中医药传承创新等方面场景落地运用就是很好的例证。互联网巨头腾讯也正利用自身优势参与到生物医药产业发展中，除了承担医疗影像国家新一代人工智能开放创新平台的建设，孵化出"数智医疗影像平台"，把医疗AI的"产学研管"整合在一起外，还与药企直接合作，如联合华润三九共同发布了"三舅健康管家"智能体，基于云计算等新技术搭建的AI智能助手结合腾讯医典多年积累的科普知识，为用户提供健康服务。

全世界任何其他湾区，没有像粤港澳大湾区这样具备人工智能的全产业链[55]。"IT + BT"将进一步提升大湾区医工、医药、医患三者的融合创新发展能力，成为大湾区生物医药创新的催化剂。

（二）重视生物前沿技术基础研究及区域间协同发展

生物技术创新已成为全球科技竞争的关键力量之一。我国在《"十四五"生物经济规划》中明确了生物经济中四大重点发展领域的主要布局方向，其中，生物医药重点围绕药品、疫苗、先进诊疗技术和装备、生物医用材料、精准医疗、检验检测及生物康养等方向，提升原始创新能力。在加快提升生物技术创新能力方面提出"瞄准临床医学与健康管理、新药创制、脑科学、合成生物学、生物育种、新发突发传染病防控和生物安全等前沿领域，实施国家重大科技项目和重点研发计划""开展前沿生物技术创新""加快发展高通量基因测序技术，加强微流控、高灵敏等生物检测技术研发，发展基因诊疗、干细胞治疗、免疫细胞治疗等新技术"。

大湾区近年来不断加大对生物技术的投入与布局，部分代表性企业或区域已跻身全国前列。例如华大集团（BGI），2024自然指数年度榜单显示，其在生物科学产业机构排名中位列亚太地区第一、全球第八，已连续9年位列亚太地区生物科学产业机构之首[56]，是唯一上榜的中国机构。华人参与的合成生物学领域里程碑项目"人工合成酵母基因组计划（Sc2.0 Project）"取得重大进展，完成了世界首个真核生物全部染色体的从头设计与合成，为未来合成基因组学的研究提供了重要参考。在合成生物学领域，自深圳光明区发布全国首个合成生物专项扶持政策后，国家生物制造产业创新中心也正式启动建设，光明区只用了不到5年时间，就从"一张白纸"一跃成为全国合成生物产业重地，截至2023年10月，光明区内合成生物企业总量已突破80家，总估值超270亿元[57]。光明区的经验值得借鉴。同时光明区引入的合成生物学企业主要集中在研发和中试阶段，大湾区其他区域可考虑承接这部分企业后续扩产的需求。各区域各平台通过成立产业联盟，建立沟通交流机制，加速大湾区内创新要素、生产要素的有效流转。

充分发挥大湾区在人工智能方面的优势，赋能基因测序，打造合成生物学技术平台，将能大幅提升生物医药创新的效率，并为CGT研发、中药活性成分筛选、IVD等方向赋予更多创新的可能性。在政策鼓励产业发展的同时，也需要注意随着基因编辑、合成生物学等技术的快速发展，相关法规和政策将不断面临新的挑战，例如伦理、生物安全性等，还需及时调整或向国家相关部委争取政策，以适应新技术在大湾区的应用和发展。

港澳地区则可充分利用高校资源，与国际各地区交流的便利性，以及宽松的创业环境，吸引更多国际生物技术研究前沿的顶尖人才及项目落户，多维度开展生物技术相关的国际学术会议，发挥好桥梁的作用，促进国内与国际相关研究机构、企业的沟通交流，提升大湾区在国际生物技术领域的影响力和成果转化率。

三、点线面构筑医药新势力

在地理位置上，充分调动和利用四大平台的发展能级，借港珠澳大桥和深中通道的通车，增强珠江口东西两岸的交流互动，以河套为生物药和高端医疗器械创新核心，横琴为中医药创新高地，南沙为生产应用资源聚集地，前海为金融医疗支撑核心，形成"两核两地"

的发展线，链接港澳，并向内地九市辐射。

在产业发展上，以研发创新为点。借助各国家实验室、创新平台，聚焦源头创新，加强基础研究，突破核心关键技术；支持三地高校、科研机构和企业共建大湾区创新平台、成果转化平台，加强科技创新合作，推动科技成果的转化和应用；放宽人才流动限制，推动三地人才在科研、教育、产业等领域的交流与合作，共同培养具有国际竞争力的高端人才；借助香港大学临床试验中心在国际多中心临床试验研究项目上的丰富管理经验，提升大湾区临床研究项目的整体水平；增强研发创新鼓励力度，完善对 IIT 研究的保障机制；政府基金牵头"投早投小投硬科技"，并建立好基金的退出机制；用好香港"18A"对国内医药创新企业的吸引力，盘活香港金融投资机构对生物医药创新支持的资源。以产业链为线，完善大湾区化药、生物药、中药、高端医疗设备、高值耗材、IVD 等产业链上下游布局；发挥粤港澳大湾区的区位优势，推动生物医药产业的进一步集聚发展；推动大湾区内各城市在生物医药领域开展深度合作，实现资源共享、优势互补，合理规划产业布局，避免同质化竞争，共同打造生物医药产业高地。以更好的营商环境为面，制定和完善大湾区生物医药整体的产业政策措施，并增强政策兑现能力；加强生物医药产业的服务体系建设，包括技术转移、成果转化、投融资服务等；通过港澳加强与国际先进水平的对接和合作，提升大湾区生物医药产业的国际竞争力。

四、全方位提升核心竞争力

40 年间，新加坡从零开始发展生物医药产业，通过为制药厂和生物科技企业提供按需定制的制造基地，包括高效的交通和物流网络连接，丰富的人才储备，健全的知识产权保护框架，宽松的监管环境和融资支持，吸引了全球前十大制药公司中的 8 家在新加坡设立工厂或研发中心。国内的大型生物医药企业如君实生物、药明康德、金斯瑞生物、复星医药等也相继进驻新加坡，通过在新加坡建立生产、研发基地、商业总部或收购等方式布局全球化业务。

对标新加坡,在产品进出口方面,粤港澳大湾区同样拥有海、陆、空立体化、便捷的交通和高效的物流网络连接海内外。广东省内有广州、深圳、珠海、中山四个药品进口口岸,且广州是全国四个药品首次进口的口岸之一,充分发挥四个口岸的作用,探索提升药械通关的一体化和便利性。香港更是世界闻名的自由港,实行零关税政策,在全球贸易上拥有诸多优势。国内的生物医药企业可以通过香港的港口,将产品快速、安全地运送到全球各地,也可以从国外引进先进的生物医药产品和技术,促进大湾区生物医药产业的国际化发展,提升国内企业产品对东南亚、RCEP、"一带一路"沿线国家的辐射能力。

在优化外商投资环境方面,2024年国家相关部委出台多项政策,如《国家药品监督管理局关于优化已在境内上市的境外生产药品转移至境内生产的药品上市注册申请相关事项的公告》(2024年第49号)、《已上市境外生产药品转移至境内生产的药品上市注册申请申报资料要求(化学药品)》、《关于进一步明确进口医疗器械产品在中国境内企业生产有关事项的公告(征求意见稿)》、《独资医院领域扩大开放试点工作方案》,从优化注册申报程序、加强知识产权保护、提升患者用药可及性、扩大适用范围、简化注册申报程序、强化质量管理体系核查、创新产品优先审批以及医疗领域扩大开放试点等多个方面入手,为境外药品和医疗器械在国内生产提供了有力的政策支持和保障;充分利用好国家相关政策,加大吸引世界龙头的生物药械企业在大湾区集聚,提升大湾区生物医药整体的生产能力。

在市场发展空间方面,紧抓"全国统一大市场"和"双循环"的机遇。2022年4月,《中共中央、国务院关于加快建设全国统一大市场的意见》正式出台,提出"加快建立全国统一的市场制度规则,打破地方保护和市场分割,打通制约经济循环的关键堵点,促进商品要素资源在更大范围内畅通流动,加快建设高效规范、公平竞争、充分开放的全国统一大市场"。对于粤港澳大湾区生物医药产业而言,这意味着可以更便捷地获取全国范围内的资金、技术、人才等资源,进而推动产业的快速发展。以往,由于市场分割和地域限制,生物医药产品的销售渠道和市场范围相对有限。而全国统一大市场的形成将打破这些限制，使得生物医药产品可以更加顺畅地在全国范围内流通和销售，例如通过国家医保谈判药品，创新药可以快速进入全国的医疗机构，放量销售；通过药品集中带量采购，加速优质的国内药械产品完成国产替代，为企业带来更大的市场机遇和发展空间。这背后是全国统一大市场政策下形成的统一集采平台、医保结算平台，以及药品一致性评价所带来的政策红利。随着市场的扩大和资源的优化配置，生物医药企业只有更注重产品质量和技术创新，提高产品的国际竞争力，"立足湾区，面向世界"的愿景才有可能实现。

在标准制定方面，对标国际，建立更多市场准入的湾区标准。充分发挥粤港澳行业学协会的作用，协同建立中药国际化标准；协助港澳全面实施ICH标准；积极参与医疗器械国家、行业标准的制定工作，以标准引领行业高质量发展。

第二节　未来展望

一、绿色低碳新湾区

《国务院关于完整准确全面贯彻新发展理念做好碳达峰碳中和工作的意见》提出，到2025年，绿色低碳循环发展的经济体系初步形成；到2030年，经济社会发展全面绿色转型取得显著成效；到2060年，绿色低碳循环发展的经济体系和清洁低碳安全高效的能源体系全面建立。生物技术正是大力发展绿色低碳产业之一，也是生物医药产业转型升级过程中最主要依托的底层技术之一。粤港澳大湾区在生物技术的布局无疑具有产业发展的前瞻性。

在园区的环保规划方面，除了有佛山云东海生物医药产业园的零碳园区规划为代表，还有瞄准全球生物技术前沿的光明卫光生命科学园，结合环保规范化建设与"工业上楼"的相关要求，综合打造

"生产、生活、生态融合""合成生物转化为特色"的生物医药专业园区。东莞松山湖高新技术产业开发区则成功入选工业和信息化部、生态环境部联合公布的"无废园区"典型案例。在企业ESG方面，丽珠集团是大湾区的模范代表。2024年，丽珠荣获Wind ESG评级AA级，已三年蝉联AA级；同时，丽珠MSCI ESG评级蝉联全球最高等级AAA级。全球制药行业（共250家企业受评）中仅有6家企业获得MSCI ESG的最高评级AAA，丽珠是中国制药行业唯一一家连续两年获得MSCI AAA评级的企业[58]。

可以预见，未来大湾区的生物医药企业从研发、生产到销售等各个环节，都将严格执行环保、安全、节能准入的标准，对标国际领先水平，通过技术创新和产业升级推动生物医药产业的绿色发展，最终达到《工作方案》中要求的"建成宜居宜业宜游的国际一流湾区"。

二、高效智能新高地

自动化生产线、智能机器人、物联网等先进技术的广泛应用，将显著提高生物医药企业的生产效率，降低人工成本，提高产品质量。例如，白云山中一药业三期"智慧工厂"投产运营后，生产线设备产能提高了150%、人力成本降低74%、人均效率提高300%[59]。一品红、丽珠、联邦、东阳光等一批药品生产企业通过数字化和智能化技术，实现了生产过程的精细化和高效化。生物医药企业不仅仅在生产上实现智能化，还借助数字化技术提升销售管理和服务能力。医疗器械的龙头企业迈瑞就通过AI+医疗智能化，与腾讯等合作伙伴共同构建了"三瑞"生态，包括"瑞智联""瑞影云++""迈瑞智检"实验室，助力医院构建智慧诊疗生态系统；迈瑞还计划联合腾讯及更多上下游企业，共同探索人工智能技术在体外诊断其他领域内的融合与应用。依托大湾区在AI、数字技术、信息工程等方面的优势，为大湾区生物医药企业降本增效提供更广阔的发展空间。

三、包容开放新征程

大湾区本就是开放程度最高最活跃的区域。通过举办各种国际学术会议、生物医药展览会等，加强与国际生物医药领域间的合作与交流，促进生物医药产业的创新和升级；通过与国际知名企业和研究机构的合作，引进国外先进的技术和管理经验，推动生物医药产业的国际化发展；鼓励本土企业"走出去"，拓展海外市场，提高国际竞争力。

加强区域内生物医药产业的协同发展，打破行政壁垒，实现资源共享和优势互补。通过建立区域合作机制，推动生物医药企业在研发、生产、销售等方面的合作与交流。例如，建立跨区域的生物医药产业联盟或利用好现有的各生物医药产业联盟、学协会等，共同开展新药研发、市场推广活动；同时，搭建公共服务平台，为生物医药企业提供技术转移、融资支持、法律咨询等服务，降低企业运营成本，提高市场竞争力。

通过进一步简化审批流程、降低税费负担、加强知识产权保护等，优化营商环境，为生物医药企业的发展提供更加宽松、便利的环境；切实落实"生物医药38条"措施任务，促进粤港澳大湾区生物医药跨跃式发展。

参考文献

[1] 广东省人民政府新闻办公室. 广东生物医药与健康产业集群2023年实现营收6638亿元（EB/OL）. (2024-10-09). https://gdio.southcn.com/node_5201f00af5/6464cef041.shtml.

[2] 广东2024年H1药品零售市场规模超225亿元，线上医保买药"变量"成"增量"（EB/OL）. (2024-09-29). https://mp.weixin.qq.com/s/G7OZUpbu-25HEN5nqDvpSA.

[3] 深圳市商务局（深圳市保税区管理委员会），深圳市投资促进局. 营商环境好 产业链条长 项目落地快 深圳生物医药制造业产值年复合增长率达11.3%（EB/OL）. (2024-09-17). https://www.sz.gov.cn/cn/zjsz/fwts_1_3/yxhjjc/content/post_11558267.html.

[4] 珠海生物医药产业新政升级：最高可获1亿元资助，全链条支持创新药发展［N/OL］. 21世纪经济报道，2024-07-16. https://www.163.com/dy/article/J789MBFE05199NPP.html.

[5] 推进医药健康产业高质量发展，佛山出台培育发展三年行动计划［EB/OL］. (2023-11-24). https://www.sohu.com/a/738916648_120046696.

[6] 发挥中成药制度优势 助力大湾区中医药大健康产业发展［EB/OL］. (2024-07-09). https://news.yaozh.com/archive/43644.html.

[7] 综合竞争力跻身全国前五，合作竞争力位列第二：广州高新区全链条扶持生物医药［N/OL］. 南方日报，2024-11-15. https://gdstc.gd.gov.cn/kjzx_n/gdkj_n/content/post_4518230.html.

[8] 云东海医药健康产业园招商近250亿元，"两所一中心"将于2024年投用［N/OL］. 21世纪经济报道，2024-01-19.

https://www.163.com/dy/article/IOR8JJGD05199NPP.html.

[9] 松山湖生物医药战新产业基地：原始创新能力产业"生态圈"崛起（EB/OL）.（2023 – 01 – 30）. https://roll.sohu.com/a/635664271_121106875.

[10] 开园即满员，东莞这个产业园是如何做到的 [N/OL]. 东莞日报，2024 – 07 – 25. https://webzdg.sun0769.com/web/news/content/526491.

[11] 香港公布《河套深港科技创新合作区香港园区发展纲要》（EB/OL）.（2024 – 11 – 22）. https://baijiahao.baidu.com/s?id = 1816388787068541927&wfr = spider&for = pc.

[12] 广东省药品监督管理局全面促进粤港澳大湾区中药产业高质量发展（EB/OL）.（2023 – 02 – 01）. https://news.sohu.com/a/636324288_121106875.

[13] 规范中药产品全过程溯源管理（EB/OL）.（2023 – 09 – 25）. https://mpa.gd.gov.cn/gkmlpt/content/4/4258/post_4258455.html#3694.

[14] 香港医务卫生局. 将香港发展成为中医及中药国际化的桥头堡（EB/OL）.（2024 – 11 – 14）. https://baijiahao.baidu.com/s?id = 1815680546641352319&wfr = spider&for = pc.

[15] 2024 年上半年全国医疗器械生产企业：广东省高质量引领全国（EB/OL）.（2024 – 07 – 23）. https://baijiahao.baidu.com/s?id = 1804987066495043283&wfr = spider&for = pc.

[16] 蔡翘梧，钟蔚，张晓华. 深圳医疗器械产业数字化转型探索 [M] //中国药品监督管理研究会. 中国医疗器械行业发展报告（2024）. 北京：社会科学文献出版社，2024.

[17] 多个创新药械获批上市，广东生物医药产业集聚成势 [EB/OL].（2024 – 08 – 29）. https://mp.weixin.qq.com/s/PBnJu934_EYhKM8VOSZ – hA.

[18] 广东联合港澳累计发布 215 项"湾区标准" [EB/OL].（2024 – 10 – 15）. http://www.locpg.gov.cn/jsdt/2024 – 10/15/c_

1212405183. htm.

[19] 湾有引力！超 20 万港澳居民来粤工作［EB/OL］.（2024－06－14）. http://www.ygacjh.org.cn/Item/4547.aspx.

[20] 落地超过 3 年，"港澳药械通"政策助力行业发展，大湾区成跨国药企创新热土［N/OL］. 南方日报，2024－11－08. https://gdstc.gd.gov.cn/kjzx_n/gdkj_n/content/post_4520088.html.

[21] 贴上新标签，10 万盒广东中药直通澳门［EB/OL］.（2024－09－12）. https://baijiahao.baidu.com/s?id=1809981948854077025&wfr=spider&for=pc.

[22] 率先实现"港药粤产"！中山案例入选大湾区规则衔接机制对接典型案例［N/OL］. 中山日报，2024－05－14. https://www.dutenews.com/n/article/8171632.

[23] 2023 年度前海医疗领域"十个首次"［EB/OL］.（2024－01－17）. https://qh.sz.gov.cn/sygnan/qhzx/dtzx/content/post_11102786.html.

[24] 澳门特首贺一诚总结 2024 年财政年度政府工作：经济适度多元获新发展，持续推进区域合作［N/OL］. 每日经济新闻，2024－11－19. https://baijiahao.baidu.com/s?id=1816153052833565937&wfr=spider&for=pc.

[25] 定了！2024 年广州卫生健康这么干［EB/OL］.（2024－03－21）. https://news.southcn.com/node_4b115bf0a0/9dbf4a2fb7.shtml.

[26] 广东省委常委、常务副省长张虎：粤港澳大湾区以不到全国 0.6% 的国土面积，创造了全国 1/9 的经济总量［EB/OL］.（2024－06－11）. https://www.163.com/dy/article/J4DHE87P05199NPP.html.

[27] 广东 21 地市 2023 年经济"成绩单"出炉 深广佛莞惠经济总量位居全省前五［EB/OL］.（2024－02－02）. https://www.gd.gov.cn/gdywdt/dsdt/content/post_4358338.html.

[28] 深圳医疗旅游热：港客就医数十万人次，罗湖医院半年接待近 4 万人次［EB/OL］.（2024－09－09）. https://cj.sina.com.cn/

articles/view/5760950038/157611f160010166zy.

［29］关于"穗岁康",你想知道的都在这里［EB/OL］.（2023-11-03）. https://mp.weixin.qq.com/s/N1wFHj8jEIPt2A5oHeoLFA.

［30］广东省医疗保障局关于广东省十四届人大二次会议第1063号代表建议协办意见的函［EB/OL］.（2024-04-28）. https://hsa.gd.gov.cn/zwgk/content/post_4414242.html.

［31］杨翠丽. 香港生物科技与医疗健康业概况［EB/OL］. 经贸研究,2024-04-22. https://research.hktdc.com/sc/article/MzEzOTQ1MjMz.

［32］广东省药品监督管理局:守正创新 真抓实干 在药品安全巩固提升行动中交出亮眼"广东答卷"［EB/OL］. 广东药监,2024-12-17. https://mp.weixin.qq.com/s/3gvlmwut4o3tEV9So23SCw.

［33］省药检所稳步推进检验检测工作转型发展［EB/OL］.（2024-08-26）. https://mp.weixin.qq.com/s/RUZazJgnKqOyGctVK-ma1EQ.

［34］广东生物制品批签发总量领跑全国［EB/OL］.（2024-09-12）. https://mpa.gd.gov.cn/xwdt/xwfbpt/mtzx/content/post_4493509.html.

［35］省药检所与日本大幸药品株式会社开展进口中药质量控制技术交流［EB/OL］.（2023-12-21）. https://gdidc.gd.gov.cn/gdidc/news/medicine/content/post_4304480.html.

［36］广东省药品检验所药用辅料质量控制与评价重点实验室:技术引领 助推药用辅料产业健康发展［EB/OL］.（2022-07-18）. https://mp.weixin.qq.com/s/g4sC4ji8wZZnoSUMCmcBrA.

［37］超声诊断设备"上岗"前要闯哪些关?［EB/OL］.（2024-09-04）. https://mp.weixin.qq.com/s/lhPttajQ7uupVbsMt_B5uA.

［38］新增213项标准检验能力!省医械所通过CMA和CNAS扩项评审［EB/OL］.（2024-06-11）. https://mp.weixin.qq.com/s/ZohfR3G4n_WTFUZve0IuQg.

［39］万亿产业集群考验"耐心资本" 广东金融业支持生物医药如何行动［EB/OL］. 21世纪经济报道，2024－10－12. https://mp.weixin.qq.com/s/RCHltPVw8lt_yXWW0J_jgg.

［40］2023年广州经济运行解读［EB/OL］.（2024－01－25）. https://mp.weixin.qq.com/s/oe－QpaWANmH34vfK0nM－AQ.

［41］广东省重点领域研发计划［EB/OL］.（2024－04－22）. https://dfz.gd.gov.cn/sqyl/shsy/content/post_4410816.html.

［42］2024粤港澳大湾区生物医药产业现状与洞察［EB/OL］.（2024－08－29）. https://mp.weixin.qq.com/s/s6i8Yjowh10CA34w8PezBg.

［43］2022医药知识产权回顾与展望（一）［EB/OL］. 同说知产：（2023－02－15）. https://news.sohu.com/a/641272146_121123817.

［44］黄晋. 构建知产国际话语体系正当时［N/OL］. 医药经济报，2024－09－25. https://www.yyjjb.com.cn/yyjjb/202409/20240925113709379_20024.shtml.

［45］王勇，杨玉一. 补好医疗器械行业发展短［N/OL］. 经济日报，2024－10－03. https://m.thepaper.cn/newsDetail_forward_28935512.

［46］谭海燕.《博鳌亚洲论坛·创新报告2023》发布，粤港澳大湾区专利综合能力超越世界其他湾区［N/OL］.（2024－01－10）. https://www.163.com/dy/article/IO4BC71105199NPP.html.

［47］刘启强. 广州国家实验室：发挥新型举国体制优势 推动呼吸领域重大科技攻关［EB/OL］.（2024－09－02）. https://mp.weixin.qq.com/s/6sOT5dELHyWJiTaGzSwc5g.

［48］郑康喜. 创新资源集聚加速"裂变"，深圳进击国内生物医药第三城［N/OL］. 21世纪经济报道，2024－05－20. https://mp.weixin.qq.com/s/G3A69CIOM_bfOOpUoBS1xA.

［49］杨璇. 科技创新：跑出医学发展的广东加速度｜数字里的健康广东［EB/OL］.（2024－02－06）. https://mp.weixin.qq.com/s/x_RvK7yDCrSyyH2KCaB4VQ.

［50］粤港澳大湾区去年新增常住人口超 44 万［N/OL］．南方日报，2024 - 05 - 10．https：//www. gd. gov. cn/gdywdt/dsdt/content/post_4420008. html．

［51］医疗器械领域国产替代趋势观察及外资企业应对措施建议［EB/OL］．（2022 - 11 - 30）．https：//www. junhe. com/law - reviews/1977．

［52］2023 年中国·全球医药贸易情况简报［EB/OL］．（2024 - 02 -01）．https：//mp. weixin. qq. com/s/fWMkVz5iLex Plz7rPUdFXA．

［53］2024 年上半年中国医疗设备市场透视（2）：迈瑞依旧是好男人标杆［EB/OL］．（2024 - 11 - 14）．https：//mp. weixin. qq. com/s/hEfdEmetlyNA8ujtOa - 46g．

［54］王德华. 粤港澳大湾区数据跨境治理制度建设与完善的思考［EB/OL］．2024 - 09 - 02．https：//www. acla. org. cn/info/ff9926348ff1426596b1227eb7ce9e26．

［55］香港生物医药创新协会会长卢毓琳：加速推动香港药监局建成，确立医药审批最高标准［EB/OL］．（2024 - 12 - 05）．https：//m. 163. com/dy/article/JILFFNHH05568W0A. html．

［56］2024 自然指数公布：华大连续 9 年位列生物科学产业机构亚太第一［EB/OL］．（2024 - 06 - 25）．https：//www. genomics. cn/news/info. aspx?itemid = 7064．

［57］80% 落地率，深圳光明区用 5 年"卷"疯合成生物学［EB/OL］．（2024 - 07 - 24）．https：//baijiahao. baidu. com/s?id = 1805429177149292920&wfr = spider&for = pc．

［58］掌声！丽珠蝉联 MSCI ESG 全球最高等级 AAA 级［EB/OL］．（2024 - 08 - 02）．https：//baijiahao. baidu. com/s?id = 1806270333853259377&wfr = spider&for = pc．

［59］智造转型 跑出发展加"数"度［N/OL］．南方日报，2023 - 12 - 14．https：//baijiahao. baidu. com/s?id = 1785311763689671709&wfr = spider&for = pc．